Ulf v. Hielmcrone

HUSUM

Kleiner Führer
durch die Stormstadt

Husum

Umschlagbild: Rathaus und Herrenhaus. Das alte Rathaus aus
dem Jahre 1601 und das noch im Kern aus gotischer Zeit stam-
mende Herrenhaus mit seinen beiden Stufengiebeln markie-
ren das Herz des alten Husums.

Fotos von Hans Hoffmann
Textillustrationen von Ulf v. Hielmcrone

Die Deutsche Bibliothek – CIP-Einheitsaufnahme

Hielmcrone, Ulf von:
Husum : kleiner Führer durch die Stormstadt / Ulf v.
Hielmcrone. – 2., überarb. und erw. Aufl., – Husum : Husum,
1995
   ISBN 3-88042-645-7

2., überarbeitete und erweiterte Auflage 1995

© 1978 by Husum Druck- und Verlagsgesellschaft mbH u. Co. KG,
   Husum

Satz: Fotosatz Husum GmbH
Druck und Verarbeitung: Husum Druck- und Verlagsgesellschaft
Postfach 1480, D-25804 Husum

ISBN 3-88042-645-7

HUSUM

Es ist üblich, an dieser Stelle einem Buch ein Vorwort voranzustellen, in dem der Autor sich allgemein bemüht, die Gründe darzulegen, die ihn veranlaßt haben, nun gerade dieses Buch zu schreiben. Keineswegs wollen wir mit dieser Tradition im vorliegenden Fall brechen, doch soll dieses Kapitel nicht „Vorwort" genannt werden, denn Vorworte werden erfahrungsgemäß nur in seltenen Fällen gelesen.

Der Anlaß, der zur Drucklegung dieses Buches geführt hat, ist offensichtlich. Husum wird alljährlich von vielen tausend Besuchern aufgesucht, sie dürften sich einen Führer durch die Stadt wünschen. Der Grund aber, der nun wiederum sie dazu veranlaßt, in die „graue Stadt" Theodor Storms zu kommen – und damit der tiefere Grund für die Publikation dieser Schrift –, der liegt weniger offensichtlich zutage.

Es soll Aufgabe des ersten Kapitels dieses kleinen Führers durch Husum sein, jener Frage ein wenig nachzugehen, wobei dann vielleicht einige Wesensmerkmale der Stadt aufgezeigt werden könnten, die dann wiederum zum Verständnis des Charakters der Stadt – soweit es so etwas gibt – wichtig erscheinen.

Was also ist es, das alljährlich so viele Besucher nach Husum lockt?

> „Liebster –
> Ihr Herbstgedicht versetzte mich in meine Heimat zurück, es war mir, als ob ich auf unserer Wiese unter den alten Eichen ginge und die Krähen in den Bäumen schreien hörte. Ich spreche mit niemanden darüber, aber ich vergehe fast vor Heimweh, wenn ich Husum höre oder auch selbst davon spreche, dreht sich alles in mir um."

Das schreibt eine junge Dame, gerade 19 Jahre alt, an ihren Freund im Jahre 1890. Jene Dame, damals noch in Lübeck, ging später nach München, wurde eine bekannte Figur der Schwabinger „Szene" der Jahrhundertwende. Rilke schickte ihr während der Zeit ihrer Schwangerschaft – die Suche nach dem Vater ihres Kindes erklärte sie als „verboten" – jeden Tag ein Gedicht, und der emanzipatorischen Bewegung gilt sie noch heute als Vorbild: Franziska Gräfin zu Reventlow, geboren 1871 auf dem Schloß vor Husum. Und das Gefühl der Sehnsucht nach Husum begleitete sie ein Leben lang, trotz ihrer großstädtischen Karriere.

Welche bedeutende Rolle die Heimatliebe in den Werken Theodor Storms gespielt hat, ist nachgerade bekannt. Aber anderen Husumern, auch wenn sie keine Dichter waren, ging es ebenso: Ludwig Nissen etwa wanderte in jungen Jahren in die Vereinigten Staaten aus und hinterließ seiner Vaterstadt ein beträchtliches Vermögen für den Bau eines Museums.

So unterschiedlich diese Menschen auch waren, eines hatten sie gemeinsam: ihre Liebe zu Husum. – Was hat also nun diese Stadt an sich, daß sie ihre Kinder in diesem Maße „prägt" und ihrem Einfluß sich viele Besucher der Stadt ebenfalls nicht entziehen können?

Es ist sicherlich das, was man gemeinhin mit Atmosphäre, Charakter oder auch Fluidum zu bezeichnen pflegt, das sich aber aus tausend Einzelheiten, scheinbaren Unbedeutendheiten zusammensetzt, zusammen aber ein Bild, eine unverkennbare Stadtgestalt schafft.

Und gerade das, die Stadtgestalt, ist es, was den Reiz Husums ausmacht. Die Stadt verfügt eigentlich nur über wenige Baudenkmäler, und von hohem Rang ist kaum eines, sieht man von wenigen Ausnahmen ab. Die Abfolge der Häuser in ihrer Verschiedenheit, die Vielzahl gänzlich unterschiedlicher Stadtviertel und Quartiere, der Wechsel der Landschaft unmittelbar vor der Stadt, das sind sicherlich die Kriterien, die angeführt werden müssen, wollte man versuchen, eben das „Wesen" dieser Stadt Husum zu erklären.

Da ist einmal das Hafenbecken, das bis in das Zentrum der Stadt hineinreicht. Die hohen Silos am Außenhafen vermitteln etwas von der Betriebsamkeit eines Hafens und künden damit gleichzeitig von der Nähe des Meeres. Da sind dann die alten Kaufmannshäuser am Hafen oder der Großstraße; sie repräsentieren Geschichte, Tradition und Würde der Vergangenheit, häufig direkt daneben moderne Kaufhäuser, wodurch jeder Anschein von Verschlafenheit erst gar nicht aufkommen kann. Dann aber auch kleine, verträumte Fischerhäuser in den Straßenzügen im Westen der Altstadt, andererseits hinter den alten Stadtgrenzen Hochhäuser und „moderne" Wohnanlagen. Der fast großstädtisch wirkende Platz am Hauptbahnhof kontrastiert seltsam mit dem teilweise geradezu dörflichen Vorort Rödemis, gleich hinter der Bahnlinie. Die alte herzogliche Schloßanlage mit dem erlesenen Gebäude des Torhauses, dem wuchtigen Kavalierhaus, in dem ursprünglich die ländliche Verwaltung untergebracht war, und dem heute durchgreifend renovierten Hauptgebäude rundet das Bild ab und läßt etwas von der glanzvollen höfischen Vergangenheit erahnen, während unweit davon die lange als häßlich verschrieenen Bauten der Gründerjahre in der Gurlittstraße Zeugnis einer gewissen Industrialisierung ablegen.

Ein wenig Residenzstadt, ein bißchen Hansestädtisches, ein Quäntchen Fischerdorf, ziemlich viel Landstadt, eine Prise Industriearchitektur, auch des 19. Jahrhunderts, und ein gerade noch erträgliches Maß an „Modernität", das ungefähr ist das Rezept, nach dem über die Jahrhunderte das Stadtbild herangereift ist.

Hinzu kommt natürlich die landschaftliche Lage, einmal die an der Nordsee, aber andererseits auch die in einer verhältnismäßig schmucklosen Landschaft, deren Reize sich erst nach einer Weile und dann auch nur bei einer gewissen Zuneigung des Betrachters öffneten. Diese scheinbare Schmucklosigkeit hat die Bewohner der Stadt fast zu allen Zeiten veranlaßt, bei der Gestaltung ihrer Häuser und ihrer Stadt besondere Sorgfalt anzuwenden.

GESCHICHTE

Menschen haben anscheinend schon „immer" im Tal der Husumer Mühlenau gewohnt, jenem kleinen Flüßchen, das durch Husum fließt und das von so großer wirtschaftlicher Bedeutung für die weitere Entwicklung der Siedlung war. Die ältesten Funde, die im Bereich des heutigen Außenhafens gemacht wurden, sind etwa 10 000 Jahre alt. Zahlreicher werden die geschichtlichen Spuren dann in der jüngeren Steinzeit und der Bronzezeit. Auch damals ein Siedlungskern entlang der Aue. Ausgedehnte Siedlungen hat es aber auch auf dem Geestrücken im Gebiet des heutigen Osterendes und der anschließenden Straße gegeben, wie aus einem umfangreichen Urnenfeld zu schließen ist, das sich in dem genannten Bereich befand.

Ein Münzfund aus der Zeit um Christi Geburt mit römischen und griechischen Münzen, der 1871 auf dem Gebiet des heutigen Ostfriedhofes gemacht wurde, deutet darauf hin, daß auch Händler diesen Ort besuchten. Über eine Besiedlung im ersten nachchristlichen Jahrtausend wissen wir indes nicht sehr viel. Möglicherweise hat es in der Nähe des heutigen Husums, im Bereich der

Südermarsch, eine größere Stadt gegeben, Sila oder später Myld, wobei auch noch fraglich ist, ob diese Orte identisch sind.

Die ersten gesicherten Nachrichten über Husum stammen erst wieder aus dem Jahre 1252, damals wurde König Abel von Dänemark auf der „Husumbro", der Husumer Brücke, von aufständischen Friesen umgebracht. Die Husumer Brücke überquerte den damals noch schmalen Fluß der Husumer Aue vermutlich in der Verlängerung der heutigen Hohlen Gasse. Von dort aus ging der Weg in die Marschgebiete der Inselregion Eiderstedts. Andere Historiker vermuten die „Husumbro" östlich von Husum oder in Eiderstedt. Wie dem auch immer sei, der Name deutet in jedem Fall auf Husum, das damals bestanden haben muß.

Husum selbst lag am Ende einer langen Handelsroute, die an der Westküste Jütlands herunterkam und die vor allem als Ochsendrift genutzt wurde. Von Husum aus bog der westliche Ochsenweg dann nach Osten ab, um sich auf dem Mittelrücken in der Nähe von Kropp mit dem östlichen Ochsenweg zu vereinen. Der Weg von Husum nach Kropp war lange der allgemeine Weg nach Süden, da das Mündungsgebiet von Eider und Treene südlich von Husum schwer mit einer Großzahl von Vieh zu überqueren war, es war ein Land der Fähren.

Dem Viehhandel dürfte Husum dann auch zunächst seine Existenz zu verdanken haben. Im Frühjahr wurde das Magervieh den westlichen Ochsenweg bis Husum getrieben, dort verkauft und während des Sommers auf den fetten Marschweiden der Umgebung gemästet, damit es für den Winter als Fettvieh weiter exportiert werden konnte. Es nahm dann seinen Weg in die schon bestehenden „Ballungsgebiete" Hollands und Flanderns. Ein Viehmarkt wird deswegen für Husum schon seit dem 12. oder 13. Jahrhundert angenommen.

So gesehen enthält die von dem nordfriesischen Chronisten Anton Heimreich überlieferte „Gründungsgeschichte" Husums durchaus eine gewisse Wahrscheinlichkeit. Danach soll zunächst in Husum ein Wirtshaus gestanden haben, das als Kern der ersten Siedlung anzusehen wäre, und tatsächlich waren an dieser Stelle die Voraussetzungen für ein Gasthaus ungewöhnlich günstig. Einmal bog hier der westliche Ochsenweg nach Osten ab, andererseits aber wurden von dieser Stelle aus die Marschen des südlichen Nordfrieslands erschlossen. Zusammen mit dem Viehmarkt, der sich aus diesem Grunde entwickelte, konnte ein Kröger an dieser verkehrsreichen Stelle sicherlich sein Auskommen haben.

Dennoch kam es nicht zu der Entwicklung eines geschlossenen Siedlungsgebietes, sondern zweier Orte: Westerhusum und Osterhusum. Westerhusum hat man westlich des Straßenzuges Hohle Gasse/Neustadt zu suchen, während Osterhusum im Gebiet des heutigen Plans gelegen haben dürfte. Das Gebiet zwischen beiden Ortschaften war anscheinend zunächst nicht bebaut. Darauf deutet die Tatsache, daß die Bewohner der westlich von der Großstraße gelegenen Gebiete noch in späterer Zeit Bürger zum Hardesding, dem Gerichtstag der Harde, entsandten, die Bewohner der späteren Großstraße jedoch nicht, obwohl diese immer als besonders vornehm galt.

Noch heute ist das alte Siedlungsgefüge im Stadtbild zu erkennen. Während üblicherweise in alten Städten die Straßenzüge sternförmig vom Marktplatz ausgehen, ist es in Husum umgekehrt. Die Altstadtbebauung ist an dieser Stelle auf die Häuserzeile nördlich und südlich des Platzes beschränkt.

Nach Osten und Westen schließt sich jeweils ein eigenes Netz von Straßen an. Dies ist im Osten etwas dünner als im Westen und wird heute von den Straßen Süder-straße, Norderstraße, Herzog-Adolf-Straße und Plan sowie der Straße Hinter dem Plan gebildet, wobei die Herzog-Adolf-Straße den sogenannten Neuen Gang im oberen Teil ersetzt und der Plan erst durch spätere Straßendurchbrüche entstand.

Im Osten konnte sich im übrigen die Stadt entlang der Ausfallstraßen nach Südosten (Süderstraße) und in Richtung Schleswig–Flensburg (Norderstraße–Oster-ende) ungehemmt ausdehnen, während im Westen die nahe und baufeindliche Marsch eine dichtere Bebauung erforderte. Auch durch diese Tatsachen unterscheiden sich noch heute in ihrem Erscheinungsbild die Gebiete östlich und westlich des Marktes.

Ein dritter Straßenzug kam schließlich dann noch hinzu: das Gebiet der Neustadt, entlang der nach Norden führenden Straße, es wurde 1526 eingemeindet.

Die Vermutung, der erste Viehmarkt habe im Bereich zwischen der nach Norden führenden Straße, der heutigen Neustadt und der nach Osten führenden Großstraße gelegen, hat einiges für sich. Die noch heute trichterför-mige Weiterung der Großstraße ist sicher auf die Tatsache zurückzuführen, daß sich in ihrem Westen der Weg gabelte, einmal in Richtung Flensburg–Schleswig, dann in Richtung Kropp, dem Weg nach Süden. Der Weg konnte sich jedoch nur in dieser Weise verbreitern, wenn das Gebiet nicht bebaut war, und man bebaute es nicht, weil man für den Viehmarkt eine größere Freifläche benötigte. Noch heute ist hinter den Häusern der Groß-straße und der unteren Neustadt ein Platz auszumachen, der Quickmarkt.

So ist es dann auch erklärlich, daß es ursprünglich zwei Siedlungen, die den Namen Husum trugen, gegeben hat, sie waren durch die freie Fläche des Viehmarktes getrennt. Die Bewohner des westlichen Teils dürften dabei ihren hauptsächlichen Broterwerb im Fischfang auf den nahen Meeresarmen gesucht haben, während die Osterhusumer Bauern waren. Schließlich konnte man vom Viehmarkt allein, der zudem immer nur an einigen Wochen stattgefunden haben dürfte, nicht ganzjährig leben.

Zum größeren Handelsplatz, außer für Vieh, wurde Husum erst im 14. Jahrhundert. Die Sturmfluten dieses Jahrhunderts, vor allem die große „Manndränke" 1362, führten einmal dazu, daß die Husum vorgelagerte Lundenberg-Harde durchbrochen wurde, so daß die Husumer Aue direkten schiffbaren Zugang zum Meer erhielt, und zum anderen ging damals der sagenumwobene Handelsort Rungholt unter. Damit waren die Voraussetzungen gegeben, daß Husum von größeren Schiffen angelaufen werden konnte und sich ein reger Handel, vor allem mit Getreide, entwickeln konnte.

Beide Tatsachen, der Untergang des alten Handelsortes Rungholt und die Schaffung einer schiffbaren Verbindung zum Meer, bildeten die Voraussetzungen für die stürmische Entwicklung, die Husum nun nahm. Dabei war es der Schaden anderer, der die Grundlage für den neuen Wohlstand der Husumer bildete. Anton Heimreich, Pastor auf Pellworm, rümpft dann auch spürbar die Nase, wenn er Anfang des 17. Jahrhunderts in seiner Nordfriesischen Chronik schreibt:

> „Und mögen vielleicht diejenigen nicht irren, die mutmaßen, daß die Husumer, wo sie nicht dazu verholfen, dennoch die Zerreißung dieser Örter nicht ungern gesehen haben."

In dieser Zeit wird man dann auch daran gegangen sein, das noch freie Gebiet zwischen den Ortsteilen zu bebauen, da man dringend Platz für die neuen Kaufmannshäuser benötigte. Der Viehmarkt wurde dabei nach Norden gedrängt.

Danach begann eine offenbar planmäßige Entwicklung des freien Raumes zwischen den beiden Ortsteilen, wobei das Gebiet der heutigen Innenstadt juristisch deutlich erkennbar anders behandelt wurde als die älteren Bereiche. Dieses „Sondergebiet" lag zwischen der Hohlen Gasse und der Neustadt im Westen und dem Plan/Kuhsteig im Osten. Hier entstand zwischen den vorhandenen Orten Wester- und Osterhusum der neue Handelsort Husum.

Trotz dieser an sich günstigen Ausgangslage hatte der aufstrebende Ort unter den politisch wirren Zeitläufen des 14. und 15. Jahrhunderts zu leiden. Der Krieg zwischen dem dänischen König Erich von Pommern und den Grafen von Holstein um das Herzogtum Schleswig ging auch an Husum nicht spurlos vorbei, wobei der Ort noch zusätzlich unter Dithmarschern zu leiden hatte. Fehden zwischen den Dithmarschern und Eiderstedter Friesen waren damals an der Tagesordnung, 1414 kam es jedoch zu einem Einfall der südlichen Nachbarn, bei dem diese die Mildstedter Kirche und die Osterhusumer Wassermühle niederbrannten.

Mildstedt war damals der Hauptort der Südergoesharde, des Gerichtsbezirks. Die Husumer Dorfschaften gehörten ebenfalls zu Mildstedt. Eine von Husum unabhängige Entwicklung hatte dabei die Osterhusumer Wassermühle mitgemacht. Angeblich bereits im 11. oder 12. Jahrhundert staute man das kleine Flüßchen, das heute bei Husum ins Meer fließt, zu einem größeren Binnensee an, um die Wasserkraft zu nutzen. Noch heute sind der alte Absperrdamm und das Gebäude der Wassermühle vorhanden. Der See selbst, der sich kilometerweit ins Land ausdehnte, wurde bedauerlicherweise 1867 abgelassen.

In den ersten Jahrzehnten des 15. Jahrhunderts war Husum aber bereits so groß geworden, daß man an den

Bau einer eigenen Kirche denken konnte. 1431 wurde dann der Vertrag geschlossen, mit dem Husum sich von Mildstedt trennte. Die neue Kirche wurde zwischen den beiden Ortsteilen 1436 auf dem Gebiet des heutigen Marktplatzes errichtet.

Das nächste entscheidende Jahr war 1465. Damals gewährte der Landesherr, König Christian I. von Dänemark, der gleichzeitig auch Herzog von Schleswig war, neben anderen Privilegien Husum die untere Gerichtsbarkeit. Außerdem durfte sich der Ort leicht befestigen. Damit war ein entscheidender Schritt zur Erlangung der Stadtrechte getan, immerhin schied Husum aus dem Rechtsverband der Harde aus, wobei das Hardesding, also der Gerichtstag, bereits in früheren Jahrzehnten in Husum abgehalten wurde.

Die Urkunde, in der Husum 1465 mit erheblichen Rechten ausgestattet wurde, schloß mit einer merkwürdigen Formel, die die Warnung enthielt, daß alle Freiheiten verwirkt seien, wenn die Einwohner sich gegen den König erhöben. Die Gefahr bestand tatsächlich, wie die Ereignisse der nächsten Jahre beweisen sollten. Es kam nämlich im Jahre 1472 zu einem Aufstand gegen den König, an dem auch Husumer Bürger beteiligt waren. Der Grund für diesen Bürgerkrieg war sozialer Natur.

Graf Adolf VIII. von Schauenburg war es gelungen, die Herzogtümer Schleswig, ein dänisches Lehensgebiet, und Holstein als deutsches Lehen endgültig zu vereinen. Er starb jedoch kinderlos und setzte früh seinen Neffen zum Nachfolger ein. Dieser Neffe Christian von Oldenburg war jedoch zum Zeitpunkt des Todes von Adolf, 1459, bereits dänischer König. Um endgültig jedoch auch als Herzog in beiden Herzogtümern anerkannt zu werden, benötigte er die Zustimmung der Landstände. Um diese zu erreichen, zeigte sich der König zu erheblichen

Zugeständnissen vor allem an den Adel bereit. Christian, der erste Oldenburger auf dem dänischen Thron, verschuldete sich beim Adel erheblich und verpfändete im Vertrag von Ripen 1460 dafür die wichtigsten Staatsämter.

Einer seiner Gläubiger war übrigens sein Bruder Graf Gerhard von Oldenburg, den er zum Statthalter in den Herzogtümern machte.

Der Adel verwendete seine neuerworbene Machtfülle dazu, den Stand der freien Bauern zu vernichten. In dieser Zeit verschwanden binnen weniger Jahre ganze Dörfer von der Landkarte und kehrten als Gutsbezirke mit nunmehr unfreier Bevölkerung wieder.

Lediglich die Bauern an der Westküste wehrten sich in stärkerem Umfang gegen diese Politik. Ihr Führer war Graf Gerhard, der sicherlich darin auch einen Weg sah, seinen königlichen Bruder zu stürzen.

Von Husum aus begann dann 1472 der entscheidende Aufstand gegen den König. Beteiligt waren die freien und vor allem reichen Bauern der Insel Strand, die Husum vorgelagert war und im 17. Jahrhundert unterging. Ferner aber auch die Bürger des Ortes Husum, die vom Getreidehandel mit den Strandern wirtschaftlich abhängig waren.

Unter anderem mit Hilfe der Hamburger, die in Husum eine unliebsame Konkurrenz erblickten, rückte der König gegen den Ort vor. Zu einem Zusammentreffen zwischen dem Heer des Königs und den Aufständischen kam es jedoch nicht, weil Graf Gerhard vorher die Flucht ergriff und die Husumer zusammen mit den ihnen verbündeten Marschbauern vor allem von Alt-Nordstrand führerlos wurden.

Über das anschließende Strafgericht über den Ort und seine Einwohner wissen wir verhältnismäßig wenig. Der gesamte Grundbesitz der beteiligten Husumer wurde offenbar zunächst eingezogen. Es kam auch zu Hinrichtungen, zwei sind bekannt, offenbar handelte es sich um die Hauptträdelsführer, von denen sich andere durch die Flucht ihrer Strafe entziehen konnten.

Später wurde dann ein großer Teil des beschlagnahmten Grundvermögens durch eine Amnestie zurückgegeben, oder es konnte zurückgekauft werden. Allerdings wurde auf viele Grundstücke eine „Rebellensteuer" gelegt, die auf „ewige Zeiten" zu zahlen war und tatsächlich erst im späteren 19. Jahrhundert wegfiel. Soweit es jedoch nicht zu einer Amnestie kam oder die Schatzung nicht aufgebracht werden konnte, hat der König die freigewordenen Häuser wohl an ihm treue Untertanen weitergegeben.

Welche Auswirkungen der Aufstand und das anschließende Strafgericht auf die Stadt und ihre Einwohner hatte, ist heute schlecht abzuschätzen. Einerseits wirken die Maßnahmen des Königs alles in allem recht gemäßigt, andererseits dürfte es aber doch zu sozialen Auswirkungen gekommen sein, immerhin wurde die Schicht des damals maßgebenden Bürgertums finanziell und personell erheblich geschwächt, und neue Menschen kamen in den Ort, der weiterhin unternehmungslustigen Männern große Chancen bot, denn seine Standortvorteile konnte Husum niemand nehmen.

Die Vorteile der Lage ergaben sich einmal aus der Tatsache, daß die Umgebung über äußerst fruchtbares Ackerland verfügte, so daß der Getreidehandel blühte, dann aber auch daraus, daß Flensburg als wichtigste Hafenstadt an der Ostseeküste leicht von Husum aus zu erreichen war. Am Ende des Mittelalters bildete sich nämlich ein neuer Handelsweg heraus, der zwischen Husum und Flensburg verlief. Es waren vor allem die Niederländer, die diese Route für den Export in den Ostseeraum nutzten.

Binnenhafen

Aus dem 19. Jahrhundert stammen die Kaimauern des Binnenhafens mit ihrer gewaltigen Bogenarchitektur, die allerdings nur bei Ebbe zu sehen ist.

Fußgängerbrücke
Eine Fußgängerbrücke verbindet die Wohnbebauung und die Parkplätze auf der Südseite des Husumer Hafens mit der Altstadt.

Neues Rathaus

1989 wurde das neue Rathaus am Binnenhafen eröffnet, das einen modernen Akzent in die Husumer Altstadt setzt.

Krokusblüte im Schloßgarten
Im Frühjahr verwandeln sich die Rasenflächen rund um das alte Herzogsschloß in ein lila Blütenmeer. Es handelt sich bei den Blumen um einen Wildkrokus italienischer Herkunft, der schon vor vielen hundert Jahren an die schleswig-holsteinische Westküste gekommen ist.

Husum konnte sich jedenfalls äußerlich sehr schnell von dem Schicksalsschlag erholen, erhielt bald einen Teil der Freiheiten zurück und war wenige Jahre später schon wieder in der Lage, an den Ausbau der Marienkirche, als sichtbares Zeichen des allgemeinen Wohlstandes, zu gehen. Schließlich erhielt die Kirche 1511 einen hohen Kathedralchor, der sie zu einer der größten im Lande machte. Den höchsten Turm hatte sie ohnehin, da der Schleswiger Dom bis ins 19. Jahrhundert über keinen eigentlichen Turm verfügte.

Obwohl der Aufstand zusammenbrach, erreichte er langfristig doch sein Ziel: Das freie Bauerntum an der Westküste blieb erhalten. Der starke Einfluß des Adels, der über Jahrhunderte praktisch das Leben und die Kultur weiter Teile Schleswig-Holsteins, insbesondere der Ostküste, bestimmte, wurde zurückgedrängt und schließlich durch die Gottorfer Herzöge, jedenfalls im Westen ihres Landes, gänzlich ausgeschaltet. Dadurch wurde eine gewisse Sonderentwicklung Nordfrieslands unterstützt, die sich noch heute deutlich bemerkbar macht. Wenn auch die politische Einigung dieser Landschaft damals nicht gelang, so gewährleistete die Aktion der Bauern und der Husumer Bürger doch, daß Nordfriesland seine Identität wahren und entwickeln konnte.

Die Gunst der Landesherren neigte sich dann auch bald wieder dem Ort an der Westküste zu. So wartete etwa Herzog Friedrich, der zweite Sohn Christians I., in Husum im Hause seines Schwiegersohnes die Entwicklung in Dänemark ab, durch die sein Bruder entmachtet und er zum König wurde.

Ein wichtiges Ereignis fiel in die Regierungszeit Friedrichs I.: Husum war der erste Ort in den Herzogtümern, in dem die Reformation eingeführt wurde. Bereits 1527 konnte ein Vertrag mit der bisherigen Geistlichkeit abgeschlossen werden, durch den der neue Glaube auch offiziell die Oberhand gewann. Dieses Ereignis zeigt, wie sehr der Ort an den allgemeinen Ereignissen der damaligen Zeit teilnahm. Von Husum aus wurde die neue Lehre verbreitet und konnte sich schließlich im ganzen Lande durchsetzen. Bereits fünf Jahre nach dem Thesenanschlag des Wittenbergers, nämlich 1522, predigte der Husumer Hermann Tast, Priester an Sankt Marien, im lutherischen Sinne.

Nach dem Tode Friedrichs I. von Dänemark verteilte man die fürstlichen Würden nach hergebrachtem Muster unter den Erben. Der älteste Sohn folgte seinem Vater als König, während einer der jüngeren Brüder, Adolf, 1544 weite Teile der Herzogtümer Schleswig und Holstein erhielt. Nach der Hauptresidenz Gottorf bei Schleswig genannt, begann mit ihm die Ära der Herzöge von Schleswig-Holstein-Gottorf.

Herzog Adolf war ein weitgereister Mann, ein typischer Renaissance-Fürst. Er hielt sich am Kaiserhof auf, versuchte die erste Elisabeth von England zu heiraten und frönte, zurückgekehrt in sein eigenes Herzogtum, der Bauleidenschaft. 1577 begann er auch mit dem Bau des Schlosses in Husum, denn dieser Ort war für ihn von großer Bedeutung.

Das 16. Jahrhundert war weitgehend im Mittelmeerraum durch eine schlechte Versorgung mit eigenem Getreide gekennzeichnet. Es waren vor allem die Niederländer, die aus dem nord- und westeuropäischen Raum Getreide in südlichere Länder exportierten. Ein hervorragendes Getreideanbaugebiet war Nordfriesland. Gleichzeitig war hier die Möglichkeit gegeben, das Landgebiet durch Eindeichung zu erweitern. Damit bildete dieser Landesteil eine erhebliche Einnahmequelle. Das Hauptaugenmerk des Herzogs war also darauf gerichtet, neue Köge anzulegen und allgemein die Wirtschaftskraft dieses Raumes zu verbessern, womit auch ein gut Teil Spekulation verbunden war.

Dazu war im übrigen dem Herzog ziemlich jedes Mittel recht, so respektierte er keinesfalls die alten Freiheiten der Nordfriesen, sondern setzte sich über sie hinweg. Andererseits aber verbesserte er die bestehenden Verhältnisse durch fast revolutionäre Maßnahmen. Teilweise wurde ein völlig neues Rechtssystem eingeführt, das sich an dem römischen Kaiserrecht orientierte und das das von altersher geltende Jütische Recht ablöste. Die Einführung des d e u t s c h e n Kaiserrechtes war jedoch problematisch, immerhin war das Herzogtum Schleswig staatsrechtlich ein dänisches Lehen. Auch die Verwaltung des Staatswesens wurde gänzlich verändert und moderner.

1582 erhielt Husum dann auch das Weichbildrecht, eine Vorstufe für die Verleihung des Stadtrechtes. Damit erhielt der Ort erneut eine eigene Gerichtsbarkeit, außerdem wurde seither in Husum nach dem Visbyer Seerecht in Seerechtsstreitigkeiten entschieden. Husum erhielt gleichzeitig ein eigenes Seegericht, das für Seerechtsfälle der Inseln zweite Instanz war. 1603 verlieh der Herzog der Stadt das Stadtrecht, das 1608 gedruckt erschien. Mit der Verleihung des Stadtrechtes, eines eigenen Gesetzbuches für die Stadt Husum, setzte Herzog Johann Adolf von Gottorf, der Sohn Herzog Adolfs, die Politik der Rechtsänderung und Modernisierung fort. Auch das Husumer Stadtrecht nahm auf das deutsche Kaiserrecht Bezug.

Zu Beginn des 17. Jahrhunderts wurde auch das Amt Husum, also der ländliche Verwaltungsbezirk, eingerichtet. Die Frau Johann Adolfs, Herzogin Augusta, erhielt das Amt und das Schloß vor Husum als „Leibgedinge", also als Versorgungsgrundlage, vor allem für ihre Witwenzeit. Damit begann eine neue Entwicklung für

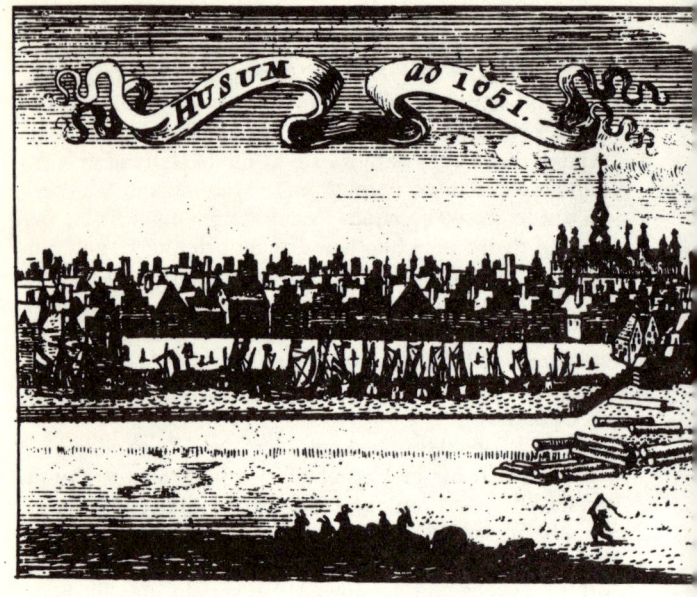

Husum – Stadtansicht von 1651

Husum. Nach dem Tode Herzog Johann Adolfs residier-
te seine Witwe lange Jahrzehnte in Husum, das damit
eine kleine zweite Residenz wurde. Auch ihre Schwiegertochter, Herzogin Marie Elisabeth, erhielt Husum
zum Witwensitz. Der Hof der Herzoginnen wurde für die
Stadt zu einem ruhenden Pol in einem sonst sehr stürmisch verlaufenen 17. Jahrhundert.

Die Stadt konnte den Wirren des 30jährigen Krieges
nicht entgehen und hatte unter den verschiedenen Be-
satzungen erheblich zu leiden. Außerdem wurden am
Hafen militärische Befestigungsanlagen errichtet, ein

Vorgang, den die Husumer nicht gern sahen, riefen sie doch die Gefahr hervor, daß Husum ihretwegen zum Angriffsziel feindlicher Truppen werden konnte; das aber hätte den Handel und damit den Wohlstand der Husumer gefährdet. Sie waren deswegen der Meinung, daß „der Gottesdienst noch immer die bessere Rüstung bei Kriegsgefahr sei als alle menschliche Vorsorge."

Stürmisch war das Jahrhundert aber auch im eigentlichen Wortsinne. 1634 suchte eine gewaltige Sturmflut die Westküste heim. Dabei ging die Insel Strand unter,

21

von der heute nur noch die Inseln Pellworm, Nordstrand und die Hallig Nordstrandischmoor übriggeblieben sind. Damit war die für den Getreidehandel so wichtige „Kornkammer" Husums zerstört.

Von den wirtschaftlichen Rückschlägen durch die Kriegsereignisse und den Untergang der Insel Strand hat sich Husum nicht wieder erholen können. Husum blieb zwar ein bedeutender Ort, die alte Größe aber war dahin. Hinzu kam, daß die Politik der Herzöge sich allmählich immer mehr dem Ostseeraum zuwandte. Insbesondere mit Schweden betrieben die Gottorfer eine Bündnispolitik gegenüber Dänemark. Das Interesse an den westlichen Gebieten ihres kleinen Staates nahm demzufolge ab.

Diese Politik hatte für Schleswig-Holstein negative Folgen, Gottorf wurde an der Seite Schwedens schließlich auch in den Nordischen Krieg (1700–1721) verwikkelt. Schweden verlor den Krieg gegen Rußland und das verbündete Dänemark, und der Gottorfer Herzog Friedrich IV. fiel bei Klissow (1702). Im Friedensvertrag von Frederiksborg (1720) verloren die Gottorfer ihren schleswigschen Anteil endgültig, er wurde wieder mit Dänemark in Personalunion vereint (1721).

Unruhig war das 17. Jahrhundert aber auch in geistiger Hinsicht. In der Nachbarschaft Husums, in Friedrichstadt und auf der Insel Nordstrand, entstanden religiöse Freistätten. In Friedrichstadt wollte der Herzog einen neuen Handelsplatz errichten und benötigte dazu die Hilfe der Niederländer, denen er Religionsfreiheit zusicherte, während auf Nordstrand vor allem Katholiken aus Holland für die Wiedereindeichung der Insel nach der Sturmflut von 1634 sorgen sollten.

Diese Nachbarschaft zwang zur geistigen Auseinandersetzung. Gleichzeitig entstanden überall verschiedene Sekten, denen auch hochgestellte Persönlichkeiten wie die Frau des Eiderstedter Stallers (Statthalter) Anna Ovena Hoyer (1584–1655) angehörten. In den 70er Jahren kam schließlich auch noch Anthoinette Bourignon nach Husum. Mit einer Flut von Druckschriften griff sie die herrschende Theologie und die Geistlichkeit an, bis sie endlich das Land verlassen mußte. Unweit von Husum schließlich, in Oldenswort und Tönning, verbreitete um 1670 Matthias Knutzen sein rein materialistisches und anarchistisches Gedankengut, immerhin zur damaligen Zeit ein Novum in der europäischen Geistesgeschichte.

Bei all dieser geistigen Unruhe ist es kein Wunder, daß Husum ein bedeutendes kulturelles Zentrum auch der bildenden Kunst und der Musik war. Viele Künstler hatten durch den Hof der Herzoginnen hier ihr Auskommen, das Musikleben wurde durch Künstler wie Matthias Ebio und den berühmten Nikolaus Bruhns (1665–1697) geprägt, der wie Bach Schüler Buxtehudes in Lübeck war. Noch heute werden seine Orgelwerke und Kantaten häufig aufgeführt.

Von großer Bedeutung ist schließlich das Kartenwerk, das der Husumer Bürgermeister Danckwerth und der Kartograph Johannes Mejer 1652 herausgaben. – Husum wird in dieser Zeit zu den drei kulturellen nordischen Doppelzentren gerechnet: Hamburg–Lübeck, Schleswig–Husum und Kopenhagen–Stockholm.

So aufregend auch das 17. Jahrhundert für die Stadt an der Westküste war, so beschaulich verlief das 18. Jahrhundert. Husum gehörte nun zum deutsch-dänischen Gesamtstaat, der um die Jahrhundertmitte seine Blüte erreichte. Ein bescheidener Wohlstand konnte sich entwickeln, kleine Fabriken und Manufakturen entstanden, auch die Schiffahrt nahm allmählich wieder Aufschwung. Es war dies die Zeit, in der sich ein auf bescheidenen, aber soliden Wohlstand gegründetes Bür-

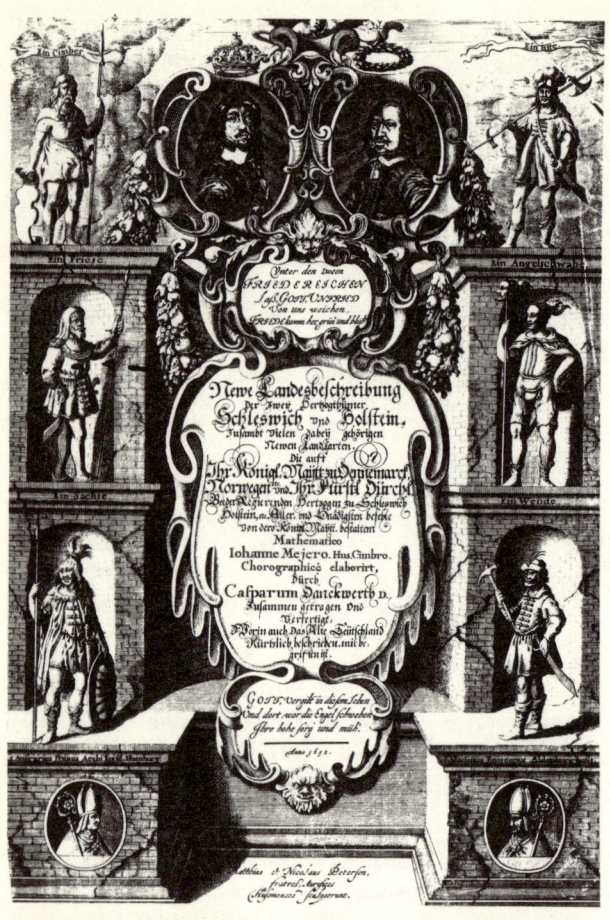

Titelseite des Kartenwerkes „Neue Landesbeschreibung von Schleswig und Holstein" herausgegeben 1652 von Danckwerth und Mejer

gertum entwickeln konnte, das ein Jahrhundert später Theodor Storm, selbst Sproß einer reichen Husumer Familie, in seinen Novellen beschrieb.

Die Zeit Storms selbst, der 1817 in Husum geboren wurde, verlief dagegen wieder unruhevoll. Schleswig-Holstein nahm vollen Anteil an den aufkommenden nationalen Auseinandersetzungen. Lebten Deutsche und Dänen im Gesamtstaat zunächst friedlich zusammen, so entwickelte sich allmählich auf beiden Seiten ein gewisser Nationalismus, der immer stärker wurde. Schließlich mischten sich auswärtige Mächte, wie Preußen, in den Konflikt ein. Von 1848 bis 1850 kam es zur schleswig-holsteinischen Erhebung, nach deren Scheitern auch Storm das Land verließ. 1864 eskalierte der Konflikt zum Krieg zwischen Preußen und Österreich auf der einen und Dänemark auf der anderen Seite, ein Krieg, der zum preußisch-österreichischen 1866 und dann zum deutsch-französischen 1870/71 führte.

1864 ging damit die lange Geschichte der staatsrechtlichen Beziehungen Schleswigs zu Dänemark zu Ende, die Herzogtümer wurden danach zu preußischen Provinzen und hundert Jahre nach der Erhebung von 1848 zum Bundesland Schleswig-Holstein.

Die wirtschaftlichen Umwälzungen des 19. Jahrhunderts schlugen sich, wenn auch nicht in vollem Umfang, auch in Husum nieder. Zunächst hegte die dänische Regierung den Plan, aus Husum einen bedeutenden Hafen zu machen. Zu diesem Zweck wurde der Dockkoog gewonnen, der die Schleusenanlagen für die neuen Hafenbecken aufnehmen sollte. Der Plan zerschlug sich jedoch wegen der angespannten politischen Lage. Was in Husum geplant war, entstand schließlich in dem damals winzigen Fischerdorf Esbjerg.

1854 erhielt Husum seinen ersten Bahnhof. Die Stadt lag an der Strecke Flensburg–Tönning, die vor allem für den Viehexport nach England geplant war. Diese Linie erhielt später Anschluß an das übrige Eisenbahnnetz. Husum wurde schließlich Anfang des 20. Jahrhunderts zum Eisenbahnknotenpunkt. Nach der Eingliederung in das Deutsche Reich nahm der Husumer Viehmarkt einen gewaltigen Aufschwung, jahrzehntelang war er der größte in Europa. In den zwanziger Jahren unseres Jahrhunderts wurde sogar eine Fluglinie nach Husum eingerichtet, um Viehhändler aus ganz Deutschland schneller nach Husum bringen zu können. Auch für den Hafen entwickelten sich die Zeiten günstig, wenn auch die alten ehrgeizigen Projekte aufgegeben waren. Der Außenhafen wurde angelegt, und Husum erhielt eine reguläre Schiffsverbindung nach England.

Der Erste Weltkrieg machte dieser positiven Entwicklung ein Ende, an die erst nach dem Zweiten Weltkrieg wieder angeknüpft werden konnte. Nach 1945 verdoppelte sich fast die Einwohnerzahl der Stadt durch den gewaltigen Zustrom an Flüchtlingen von etwa 14 000 auf 25 000 Einwohner, die freilich zu einem großen Teil die Stadt wieder verließen, um in Westdeutschland Arbeit zu finden.

Infolge dieser enormen Bevölkerungszunahme setzte nach dem Krieg eine rasante Bautätigkeit ein, wobei es der Stadt aber gelang, im wesentlichen ihr Gesicht und ihren Charakter zu bewahren. Die Bevölkerungsabnahme durch Umsiedlung von Flüchtlingen wurde durch die Bundeswehr ausgeglichen, die in Husum zwei Kasernen besitzt.

Weitere Impulse erlebte die Stadtentwicklung in den siebziger Jahren unseres Jahrhunderts: Mit einem Landesgesetz von 1970 wurden die drei nordfriesischen Kreise Südtondern, Husum und Eiderstedt zu einer politischen Einheit, dem Kreis Nordfriesland, zusammengefaßt, dessen „Hauptstadt" Husum wurde. Damit gelang

zum ersten Mal die politische Vereinigung Nordfrieslands, das kulturell und wirtschaftlich ohnehin eine Einheit bildete. Was unter anderem durch den mißglückten
Aufstand von 1472 verhindert wurde, kam 500 Jahre später zu einem Abschluß ...

Ein weiteres historisches Datum für die „Graue Stadt
am Meer" war der 28. August 1974. An jenem Tage
konnte das erste Schiff, die „Lindinger Ivory", die neue
Husumer Hafenschleuse passieren, die das Anlaufen des
Hafens und den Bau größerer Schiffe als bisher erlaubte.
Dadurch erlebte sowohl die Hafenwirtschaft als auch der
Schiffbau in Husum einen erheblichen Aufschwung.

Von einer alten Einrichtung mußten die Husumer in
den sechziger Jahren aber gleichwohl Abschied nehmen:
Infolge der Marktveränderung im Viehhandel mußte der
Viehmarkt seine Pforten schließen. Eine uralte Tradition ging damit zu Ende, wenn die Stadt auch bis heute
ein Zentrum des Viehhandels geblieben ist.

Von großer Bedeutung für die regionale Wirtschaft ist
nach wie vor der Hafen, dessen Leben zu einem großen
Teil durch den Landhandel bestimmt wird. Getreide und
Futtermittel stellen den Hauptfaktor bei den Umschlags-
zahlen des Husumer Hafens dar, der sich etwa bei einer
halben Millionen Tonnen im Jahr bewegt. Allein die in
ganz Europa tätige Firma Heinrich Thordsen KG beree-
dert unter eigener Flagge mehrere moderne Küstenmo-
torschiffe mit dem Heimathafen Husum.

Auch der Fremdenverkehr ist zu einem bedeutenden
Wirtschaftsfaktor geworden. Ein harmonisches Stadtbild, gesunde Luft und intakte Umwelt stellen heute
einen immer höher geschätzten Wert dar. Husum hat
sich deswegen auch Mühe gegeben, die Besonderheiten
der Stadt und der Landschaft zu erhalten und notwendige Veränderungen mit ihnen in Einklang zu bringen.

RUNDGANG

Der Weg durch die Altstadt und die angrenzenden Stadt-
teile sollte am **MARKT** beginnen. Dort schlägt heute das
Herz der Stadt. Das alte Rathaus, die Hauptkirche, die
großen Geschäfte und Banken, aber auch die altehrwürdigen Kaufmannshäuser mit den Treppengiebeln stehen
hier oder in der unmerklich in den Platz übergehenden
Großstraße. Damit ist der Marktplatz so etwas wie die
„gute Stube" der Stadt. Hier trägt sie ihr „offizielles"
Gesicht, hier kommen aber auch die Bürger und ihre
Gäste zu fröhlichen oder feierlichen Anlässen zusammen.

Demonstriert wurde und wird auf dem Markt durchaus auch schon einmal. Politiker sprechen gern von der
Rathaustreppe oder noch lieber, wegen der guten Aku-
stik, von einem Podest in der südwestlichen Ecke des
Platzes zu „ihrem" Volk, wenn gerade einmal wieder
wichtige Wahlen vor der Tür stehen. Parteien aller
Schattierungen lieben es zudem, auf dem Markt ihre „In-
fo"-Stände zu errichten, während religiöse Gruppen
wenige Meter davon entfernt ihre Traktätchen feilbie-
ten, die den Passanten ein „Erwachet" entgegenrufen.
Staatlich sanktioniert, von den Spitzen der Stadt protek-
tioniert, steht schließlich auch noch einige Monate im
Jahr auf der Grenze zwischen Markt und Großstraße ein
„Glückspilz", in dem Lose für die verschiedensten guten
Zwecke angeboten werden.

All dieses Getriebe geht aber unter, wenn allwöchent-
lich der Markt seine Funktion im Wortsinne übernimmt.
Der gesamte Platz, ein großer Teil der Großstraße sowie
der angrenzenden Straßen werden dann – wie seit Jahrhunderten jeden Donnerstag – von Buden und Ständen
überschwemmt. Die Erzeugnisse des Landes und des

Meeres findet der Besucher dann angeboten, aber auch Gewürze, Kleidung, modischen Firlefanz.

Aus dem Marktbild sind allerdings schon länger die alten Trachten der Inselfriesen und der Bauern von der Geest verschwunden, sie machten in früheren Zeiten das Bild noch bunter und farbenprächtiger. Doch auch heute noch kommen die Menschen aus den umliegenden ländlichen Bezirken an Donnerstagen nach Husum, und nicht nur die Markthändler haben dann viel zu tun. Der Tag wird für Behördengänge, zum Besuch des Arztes oder Anwalts benutzt. Wenn auch der Viehmarkt eingegangen ist, die Tradition des Donnerstag-Marktes hat sich seit Jahrhunderten nicht geändert. Über all dem Marktgewimmel ragt auch heute noch die „Tine", Husums „Stadtgöttin", empor. Besonders alt ist sie nicht, die Bronzefigur auf dem Marktbrunnen, als Symbolfigur Husums ist sie jedoch nicht mehr hinwegzudenken.

Als infolge des allgemeinen Wohlstandes zu Ende des 19. Jahrhunderts auch Husum an dieser Entwicklung teilnahm, galt es für die Husumer Stadtväter, die Bedeutung ihrer Stadt auch nach außen darzustellen. Ein moderneres Straßenpflaster, die Anlage einer zentralen Wasserversorgung stellten zwar einen wichtigen Fortschritt dar, was jedoch noch fehlte, waren Denkmäler, wie sie jede Stadt, die damals etwas auf sich hielt, vorzuweisen hatte.

So errichtete man zunächst ein Denkmal für den großen Sohn Husums, Theodor Storm, im Schloßpark; Bildhauer war Adolf Brütt (1855–1939). Er bot sich an, war er doch einmal von Geburt ein Husumer, andererseits aber auch ein geachteter und gefeierter Künstler seiner Zeit, der Gründerjahre. Früh kam Brütt von Husum nach Kiel, dort machte er eine Steinmetzlehre, schließlich ließ er sich in Berlin nieder. Denkmäler der Siegesallee, vor der Universität, schließlich Arbeiten in der Kaiser-Wilhelm-Gedächtniskirche machten ihn berühmt.

In Kiel errichtete Brütt das Reiterstandbild Kaiser Wilhelms I. und später den Schwertträgerbrunnen auf dem Rathausplatz. Kein Wunder also, daß sich auch seine Heimatstadt Denkmäler dieses bekannten Meisters wünschte.

Der Marktplatz, so wie er sich heute darstellt, ist erst im 19. Jahrhundert entstanden, doch war seine Mitte noch leer. Das brachte die Husumer auf den Gedanken, durch einen Brunnen das Zentrum des Platzes und damit eigentlich der ganzen Stadt zu betonen. Gleichzeitig sollte dieser Brunnen an zwei Wohltäter der Stadt erinnern: August Friedrich Woldsen und seine Cousine Catharina Asmussen, letzte Nachkommen einer reichen Kaufmannsfamilie, die ihr Vermögen Husum vermacht hatten.

Künstler und Vertreter der Stadt kamen überein, daß den Brunnen die Gestalt einer jungen Halligfriesin bekrönen würde. Der nach oben auskragende Sockel sollte durch Inschriften und Reliefs an die Stifter von Kindergarten, Altersheim und eines nicht unbeträchtlichen Grundvermögens erinnern. Das Wasser trat am oberen Sockelrand durch Fischköpfe aus, während Ochsenköpfe am unteren Rand das überschüssige Wasser aufsaugen sollten. Damit versinnbildlichte der Brunnen zwei hauptsächliche Erwerbszweige der Husumer: Fischerei und Viehmarkt.

Seitdem der Brunnen 1902 eingeweiht wurde, erfreut er sich wachsender Beliebtheit. In den Sommermonaten kann man kleine Kinder in seinem – nicht immer sauberen – Wasser planschen sehen (was sicherlich nicht erlaubt ist), und den Erwachsenen gilt er durch die nach Westen gerichtete junge Fischersfrau mit Holzpantinen und wohl auch durch die herben und schlichten Formen des Sockels und des Brunnenrandes aus grauem Granit als Symbol der Stadt.

Nur der Ordnung halber sei mitgeteilt, daß an sich die Tine nichts mit dem berühmten „Mütterchen von Husum" zu tun hat. Dieses Husum lag anderswo. Aber warum sollte man nicht auch der aufopfernden Tat der alten Frau gedenken, die durch das In-Brand-Stecken des eigenen Hauses die Schlittschuhläufer vom brüchigen Eis holte?

An der Ostseite des Marktplatzes steht die Hauptkirche Husums, die **Marienkirche**, der jetzige Bau wurde 1829 bis 1832 errichtet und ersetzte eine 1807 wegen „Baufälligkeit" abgerissene gotische Kirche, die jedoch wesentlich größer war als die heutige. Der Kirchturm der alten Marienkirche stand etwa auf dem Platz, den jetzt der Marktbrunnen einnimmt. Rechnet man noch den Kirchhof hinzu, der die Kirche umgab, so blieb für eine Straße im Westen und Süden wenig Platz. Der Markt fand deswegen auf der sich trichterförmig verbreiternden Großstraße statt. Erst durch den Abbruch der alten Kirche und den wesentlich kleineren Neubau des jetzigen Gebäudes konnte der heutige Marktplatz entstehen.

Beherrschende Gebäude am heutigen Marktplatz sind das Alte Rathaus, das eigentlich schon an der Großstraße steht, und die Gruppe des Herrenhauses. Die erste urkundliche Nachricht über das **Herrenhaus** stammt aus der Zeit um 1520. Damals richtete der Gottorfer Herzog dort eine Münze ein, in der der seltene Husumer Thaler geprägt wurde, 1529 überließ Friedrich, nun König von Dänemark, das Haus seinem Baumeister Martin Bussert. Von Detlev Ebbesen, der das Gebäude 1543 erwarb, kaufte es Herzog Adolf zurück. 1587 wird Ratspräsident Gert Steding, der die Aufgaben des Bürgermeisters wahrnahm, Eigentümer. Später kam es dann wieder in fürstlichen Besitz. Es verlor jedoch alle Privilegien, die auf ihm ruhten, als es schließlich „bürgerlichem" Gewerbe diente. Im 19. Jahrhundert wurde auf dem Gelände eine Brauerei errichtet, in der bis in unsere sechziger Jahre „Husumer Bier" gebraut wurde.

Baulich stellt das Gebäude eine Mischung dar aus gotischen und Elementen der Renaissance. So stammt die mittlere der drei Spitzbogenblenden des Herrenhauses noch aus der Gotik, Reste mittelalterlicher Fassadengliederungen finden sich auch am rückwärtigen Giebel, während die vorderen Giebel und das linke Gebäude aus der Renaissance stammen. Typisch dafür der Wegfall der senkrechten Blendgliederung und die Betonung der Horizontalen, gleichzeitig das geometrische Muster der Köpfe, größere zwischen den Fenstern und kleinere netzförmig angeordnet daneben. Der heutige Bau dürfte unter Einbeziehung älterer Teile im wesentlichen unter dem Ratspräsidenten Gert Steding erbaut worden sein, denn es ist bekannt, daß Steding unrechtmäßigerweise sich Baumaterialien aneignete, also ein größeres Bauvorhaben in Angriff nahm.

Gemeinhin werden die Köpfe an den Giebeln als „Rebellenköpfe" bezeichnet. Der Überlieferung nach stellen sie die beim Aufstand 1472 hingerichteten Bürger der Stadt dar. Zwar entbehrt diese Sage der historischen Grundlage, doch wer hindert uns, beim Anblick der Köpfe an diese Husumer zu denken? So gesehen, sind sie tatsächlich zum „Denkmal" dieses Aufstandes geworden.

*Rathausturm und die Giebel des
Herrenhauses am Markt*

33

Die **Beischlagwangen** links und rechts vom Treppenaufgang sind mit der Jahreszahl 1605 versehen und gehörten anfänglich zum Haus Markt 19.

Im Innern des linken Hauses, das mit dem rechten ursprünglich eine Einheit bildete, befindet sich noch heute eine bemerkenswerte Stuckdecke aus dem Ende des 17. Jahrhunderts, während auf dem hinteren Grundstück des rechten Gebäudes sich eine ausgedehnte Kelleranlage mit gewaltigen Gewölben befindet, deren Zweck bis heute unbekannt geblieben ist.

Einige Häuser weiter ostwärts steht dann das **Geburtshaus Storms,** in dem am 14. oder 15. September 1817 der Dichter das Licht der Welt erblickte. Das Geburtsdatum ist nicht sicher, da der Propst, der die Kirchenbücher führte, und die Mutter des Dichters sich über den genauen Tag stritten, der kleine Theodor wurde nämlich um Mitternacht geboren. Die Stormforschung glaubt jedoch eher der Mutter und feierte deswegen den 14. September als Geburtstag des heute in aller Welt gelesenen Dichters. Das Haus ist in seinem Äußeren vielfach verändert worden, lediglich die vier Fenster im oberen Stockwerk und das Walmdach sind geblieben, doch versucht das Gebäude auch heute noch seiner Bedeutung als Geburtshaus Storms auch im äußeren Erscheinungsbild gerecht zu werden.

Das Haus **Markt 15** bildet den optischen Abschluß der Bebauung auf der nördlichen Seite des Marktplatzes. Das dreigeschossige Gebäude stellt ein bemerkenswertes Zeugnis großbürgerlicher Kaufmannshäuser des Klassizismus dar. Es wurde 1811 gebaut, und sein Architekt war Axel Bundsen, der viele Aufträge in den damaligen Herzogtümern Schleswig und Holstein erhielt und vor allem in den größeren Städten wie Hamburg, Altona und Flensburg baute. Auch das bekannte Herrenhaus Knoop bei Kiel stammt von ihm.

Die **Südseite** des Marktplatzes weist eine fast einheitliche Bebauung aus der Zeit des Spätklassizismus auf (1840 bis 1850). Lediglich ein Haus mit Mansardendach ist älter, es stammt aus dem ausgehenden 18. Jahrhundert und ist eines der ganz wenigen erhaltenen Gebäude mit dieser Dachform in Husum.

Bis zum Abbruch des alten Gebäudes der Stadtwaage und -wache auf der Südseite des heutigen Marktplatzes standen diese Häuser nicht am Platz, sondern bildeten eine Straßenrandbebauung in Verlängerung der Süderstraße, die so praktisch bis zur Krämerstraße reichte. Dieses Bild änderte sich völlig, als 1867 die Waage als erste Modernisierungsmaßnahme des neuen preußischen Regimes niedergerissen wurde. Sie war baufällig, störte aber vor allem, weil sie dem Markt durch ihre Lage und altertümliche Bauweise ein mittelalterliches Gepräge gab, das seltsam mit der damals noch neuen, klassizistischen Marienkirche kontrastierte. Südlicher Platzabschluß war bis dahin das Gebäude der Waage und Wache, das auch den Höhenunterschied zwischen Marktplatz und Süderstraße auffing, da es nach Norden, zum Platz hin eineinhalbgeschossig war und nach Süden zwei Geschosse hatte. Damit stand die Marienkirche vor einem waagerechten Platz, eine Situation, an die die Umgestaltung des Marktplatzes 1992 wieder anknüpfte. Durch die Stufen an der Südseite des Marktplatzes wird auch die Trennung zwischen Marktplatz und Süderstraße erneut deutlich gemacht.

Sehr reizvoll dann die Eingangssituation zur Krämerstraße mit dem hohen Geschäftshaus auf der Südseite, das, mehrfach abgewinkelt und mit Erkern versehen, sich der Straßenführung anpaßt, und dem gegenüberliegenden Gebäude, das wie sein Gegenüber die reiche Formsprache der wilhelminischen Epoche aufweist. Auf der **Westseite** des Marktplatzes erwähnenswert ein altes Gasthaus mit einem Baum vor der Haustür. Seine Fassade stammt weitgehend aus dem Ende des 18. Jahrhunderts.

In der **GROSS-STRASSE**, die sich nach Westen an den Markt anschließt, begegnen sich das alte und das neue Husum mehr oder weniger harmonisch. Die Großstraße galt lange als die vornehmste Husumer Adresse, sie bildete allein das erste Quartier der Stadt, als diese noch in Quartiere eingeteilt wurde.

Geld wurde schon immer auf der Großstraße verdient. Das hat sich bis heute nicht geändert, auch die Erwerbsquelle, der Handel, ist geblieben, wenn sich auch die Sparten gewandelt haben. War es früher hauptsächlich der Getreideexport, mit dem die Handelsherren, die ihre Häuser an der Großstraße hatten, ihr Vermögen machten, so sind es heute der Einzelhandel und das Geldgeschäft, die Kaufleute an die Großstraße locken.

Einige der alten *Kaufmannshäuser* sind erhalten geblieben, vor allem das Haus **Großstraße 30** und das Haus **Großstraße 18**. Beide stammen aus der Blütezeit Husums, dem ausgehenden 16. und beginnenden 17. Jahrhundert. Typisch hierfür die Blendengliederung mit der waagerechten Unterteilung im Giebel. Das Schema, nach dem diese Häuser gebaut wurden, war im allgemeinen gleich. Im Erdgeschoß befand sich eine große Diele, auf der die Waren gestapelt wurden. Links oder rechts davon das Kontor, darüber eine Galerie, von der aus man in die Wohnräume gelangte. Der hohe Dachboden diente dann wieder für die Lagerung von Waren.

Bis ins 19. Jahrhundert war die gesamte Großstraße von Gebäuden dieser Art umsäumt, so daß Husum lange Zeit als ein Rothenburg des Nordens galt. Der wirtschaftliche Aufschwung der Gründerzeit hat mit vielen Neubauten dem ein Ende gemacht.

Haus an der Großstraße

Bemerkenswert auf der Südseite der Großstraße schließlich der Giebel des Hauses Nummer 32, der aus dem 18. Jahrhundert stammt. Auf der gegenüberliegenden Seite ist das Gebäude der *Schwan-Apotheke* von historischem Interesse. Zwar hat auch diese Fassade häufig ihr Aussehen verändert, doch geht auch heute noch etwas von der Würde und dem Ansehen einer alten Landapotheke aus. Seit 1656 ist eine Apotheke in diesem Gebäude nachgewiesen, das in Teilen noch mittelalterlichen Ursprungs ist. Im Innern sind noch viele Beispiele der alten Inneneinrichtung zu erkennen. Bei einem Umbau fand man sogar eine bemalte Balkendecke.

Während die Schwan-Apotheke das Schloß mit Arzneien versorgte, kann sich die Einhorn-Apotheke seit alters als Ratsapotheke bezeichnen. Sie erhielt 1613 ihr „Privilegium" vom Rat der Stadt. Das Stammhaus dieser Apotheke war das Eckhaus Markt/Großstraße. Heute ist sie in der nach ihr benannten „Einhorn-Passage" an der Südseite des Marktplatzes am Eingang der Krämerstraße zu finden. Das alte Gebäude der Apotheke an der Ecke zur Großstraße ist auch schon lange nicht mehr das ursprüngliche, doch wurde versucht, den Neubau in das Husumer Stadtbild einzupassen. Vom gleichen Bemühen sind die meisten der anderen modernen Geschäfte in der Großstraße gekennzeichnet. Vor allem bei der 1977 fertiggestellten Sparkasse Nordfriesland hat man versucht, traditionelle Stilelemente, senkrechte Gliederung, aufragende Giebel, Rotstein, in zeitgemäße Formen umzusetzen, um so den Bruch zwischen neuer und alter Bebauung zu mildern.

Einen anderen Weg beschritt dagegen der 1977/78 an der Großstraße errichtete Teil des Textilhauses C. J. Schmidt. In diesem Fall wurde bewußt auf einen Kompromiß verzichtet. Man baute statt dessen ein Gebäude, das die Formsprache des 18. Jahrhunderts aufgreift.

Damit sollte verhindert werden, daß zuviele neue Gebäude im alten Straßengefüge den Eindruck einer neuen Stadt vermitteln, Giebel und Dachflächen greifen den Rhythmus der Bebauung auf und setzen Akzente.

Heute gleicht die Großstraße in Husum fast einem architekturgeschichtlichen Ausstellungsgelände. Bauten aus allen Stilepochen seit der Renaissance sind vertreten, wobei ein beachtliches Kontingent von den verschiedenen Bauformen der Zeit von 1871 bis 1914 gestellt wird. Da ist das alte „Kaiserliche Postamt" mit seiner Neugotik, gegenüber ein Gebäude, das sich mehr in den Formen der italienischen Renaissance gibt. Während die Fassade der „Stadtpassage", hinter der sich früher das Geschäftshaus „Topf" befand, aus dem Jahre 1903 stammt und seine Verwandtschaft zum Kaufhaus Wertheim in Berlin, dem berühmten Kaufhaus der Gründerjahre, nicht leugnen will, stellt sich ein anderes Geschäftsgebäude, das der Firma Rothgordt, postmodern im Stil der 90er Jahre unseres Jahrhunderts dar. Da aber alle diese Bauten, von wenigen Ausnahmen abgesehen, in Höhe, Gliederung und Größe aufeinander Rücksicht nehmen, entsteht gerade durch die Vielfalt eine angenehm empfundene Einheit, so daß durchaus ein geschlossenes Straßen- und Raumbild vorhanden ist.

Zurück zur **KRÄMERSTRASSE**. Sie führt vom Markt zum zweiten alten Platz in Husum, zur Schiffbrücke und damit zum Hafen. Am Eingang der Krämerstraße steht auf der Nordseite ein zweigeschossiges Gebäude aus den Gründerjahren. Mit seinem Erker und der betonten Eckbebauung der gegenüberliegenden Seite bildet dieses Haus den Auftakt zu Husums alter Einkaufsstraße. An der Stelle dieses Hauses stand bis ins vorige Jahrhundert ein altertümlicher Bau mit Schweifwerkgiebel und teilweise aus Fachwerk. Über dem Eingang befand sich ein Spruch auf einer sandsteinernen Tafel, die heute noch über dem Eingang angebracht ist, er lautet:

> „Gelick aso Rock und Stof vorswindt
> aso sint ock de Minschen Kindt."

Wie Rauch und Staub verschwinden, so sind auch die Menschenkinder. Dieser Spruch hat Storm zu seiner Novelle „Aquis submersus" Anregung gegeben, dessen Rahmengeschichte in dem alten Giebelhaus spielt.

Die Krämerstraße zeichnet sich noch heute durch eine Vielzahl von Einzelhandelsgeschäften aus, die teilweise in Häusern untergebracht sind, die durch beachtliche spätklassizistische Fassaden auffallen. Da diese Fassaden gut gepflegt und farblich unterschiedlich gestaltet sind, lohnt sich hier ein Blick nach oben.

Am Ende der Krämerstraße öffnet sich der Platz der **SCHIFFBRÜCKE**, der Blick geht über das Hafenbecken auf das neue Rathaus, das seit 1989 den Platz der alten Werft eingenommen hat, auf die angrenzende neue Wohnbebauung und die Fußgängerbrücke, die jetzt die Parkplätze auf der Südseite des Hafens mit der Altstadt im Norden verbindet. Hier ist in den letzten Jahren ein kleines „Dockland" nach Londoner Vorbild entstanden. Der Hafen reicht so fast bis in die Mitte der Stadt hinein. Dieser Teil ist der alte Landeplatz der Schiffe, die von hier aus die Meere befuhren. Wahrscheinlich entstand an dieser Stelle die für größere Schiffe nötige Fahrwassertiefe ebenfalls infolge der Sturmfluten, durch die die Husum vorgelagerten Gebiete durchschnitten wurden und die Stadt Verbindung zum Meer erhielt.

Der heutige Platz der Schiffbrücke war im übrigen ursprünglich bebaut. Unter Herzog Friedrich, dem späteren König Friedrich I. von Dänemark, wurde die Bebauung im frühen 16. Jahrhundert abgerissen, so daß eine Platzanlage entstand, die zum Stapeln der Waren dringend benötigt wurde.

Von alten Abbildungen ist bekannt, wie dieser Platz ausgesehen hat. Direkt an der Kaimauer stand ein heute altertümlich anmutender Kran. Zwei große Giebelhäuser mit Schweifwerkgiebeln bildeten die Eckbebauung der nördlichen Häuserreihe zur Twiete im Osten und Hohlen Gasse im Westen, stattliche Häuser mit den charakteristischen Treppengiebeln bestimmten im übrigen das Bild der Schiffbrücke. Diese Bebauung sank 1852, am 11. Juli, einem Sonntag, in Schutt und Asche. An jenem Tag war gegen Mittag in einem Gasthof ein Feuer ausgebrochen, das fast die ganze südliche Neustadt, einen Teil der westlichen Großstraße, einen Teil der Hohlen Gasse und fast die ganze Schiffbrücke vernichtete.

Diese Katastrophe, nicht die erste dieser Art in der Geschichte der Stadt, weckte eine Welle der Hilfsbereitschaft im ganzen Gebiet des dänischen Reiches, zu dem Husum damals noch gehörte. Die Regierung stellte allein 20 000 Reichstaler zur Verfügung, obwohl die Spannungen zwischen Kopenhagen und den Herzogtümern erheblich waren. Bedeutende Spenden trafen aber auch aus Hamburg ein, das kurz vorher selbst Opfer einer Feuersbrunst geworden war.

Nach dem Brand ging man alsbald an den Wiederaufbau des zerstörten Viertels. Gerade wegen der Einheitlichkeit der Neubauten sind diese Straßenzüge aufschlußreich. Die Häuser sind im allgemeinen relativ schlicht und einfach gehalten, lediglich unterschiedlich gestaltete Gesimse gliedern sie und geben ihnen eine eigene Persönlichkeit, einen Eigenwert. Trotz einer gewissen Einheitlichkeit mangelt es den Gebäuden nicht an Individualität.

Ein Gebäude, das mittlere an der Westseite der

Schiffbrücke, fällt besonders auf. Es verfügt über eine aufwendigere Putzfassade als die anderen und über die für die Zeit typischen gotisierten Zinnen. Damit wird der Häuserzeile ein Halt und Fixpunkt gegeben.

Die von der Schiffbrücke nach Norden führende **HOHLE GASSE** hat sich in den letzten Jahrzehnten wenig verändert. Noch immer wird sie durch eine Reihe von Bauten des 18., des mittleren 19. Jahrhunderts und der wilhelminischen Zeit geprägt. Hinter den beiden letzten Fassaden an der Ecke zur Langenharmstraße verbirgt sich allerdings ein modernes Kaufhaus.

Dieser Straßenzug ist im übrigen besonders eng mit dem Leben und Schaffen Storms verbunden. Das Haus **Hohle Gasse 3,** in der Mitte der Ostseite gelegen, gehörte den Großeltern des Dichters, später hatte dort Storms Vater seine Anwaltskanzlei. Das Gebäude ist ein hervorragendes Beispiel für ein Bürgerhaus aus dem 18. Jahrhundert. Der Kaufmann hatte sein Lager nun nicht mehr in dem Haus, in dem er auch wohnte, sondern er verfügte über Speicher am Hafen. Im Wohnhaus war nur noch das Kontor untergebracht. Das Haus war deswegen auch mit der Breitseite zur Straße gebaut, damit es viel Licht für die Wohnräume einfangen konnte. Die alten Kaufmannshäuser waren dagegen schmale, aber sehr tiefe Gebäude.

Das Haus verfügt heute noch über die alte Raumeinteilung mit den repräsentativen Räumen im Obergeschoß, der „belle etage". Erhalten sind auch die reichen Stuckverzierungen an Decken und Ofennischen, die geschweiften Türen des Rokoko, das Wandpaneel und die reichverzierte Treppe.

Das Haus Hohle Gasse 3 gehörte wie auch das schräg gegenüberliegende Gebäude *Hohle Gasse 8* der Familie Woldsen, die Mutter Storms war eine geborene Woldsen. Diese Familie zählte zu den wohlhabendsten der

Stadt im 18. Jahrhundert, sie betrieben nicht nur Manufakturen in Husum, sondern waren auch als Reeder tätig, und von den Dachfenstern ihrer Häuser in der Hohlen Gasse konnten sie ihre Schiffe auf der Husumer Reede liegen sehen.

Das Haus Nummer 8 ist nicht mehr im ursprünglichen Aussehen erhalten geblieben, lediglich der rückwärtige Giebel wurde im Äußeren nicht verändert. Gleichwohl hat das Haus seinen Stil bewahrt. Ein weiteres Beispiel für das Husumer Bürgerhaus des 18. Jahrhunderts ist das Gebäude *Hohle Gasse 4*, das äußerlich fast unverändert die Zeitläufe überstanden hat. Maueranker mit der Jahreszahl 1712 nennen das Erbauungsjahr. Die Häuser Hohle Gasse 4 und 8 bilden übrigens die Szene zu Storms Novelle „Die Söhne des Senators".

Von der Hohlen Gasse biegt man nach Westen in die **WASSERREIHE** ab. Auch diese Straße hat weitgehend ihr altes Aussehen bewahren können. Es wird geprägt von einem Wechsel alter Kaufmannshäuser, kleinerer Wohnhäuser und der für Hafenstädte typischen Speicher.

Das schönste Gebäude in der Wasserreihe ist das Haus *Wasserreihe 31*, in dem Theodor Storm viele Jahre seines Lebens verbrachte und das heute als Storm-Museum dient. Bemerkenswert auch das Gebäude *Wasserreihe 21*. Es weist teilweise im Giebel noch die alte Blendengliederung auf wie auch an den Kaufmannshäusern an der Großstraße. Außerdem hat sich die alte Utlucht erhalten, die so typisch war für die Wohnhäuser des 18. Jahrhunderts und mit denen die Häuser in den Straßenraum hinausgriffen. Maueranker, die zusammen die Jahreszahl 1594 bilden, nennen schließlich das Erbauungsjahr des Hauses mit der schönen Haustür aus dem Ende des 18. Jahrhunderts.

Alte Haustüren, Maueranker, Gesimse sind auch an

den meisten anderen Häusern der Wasserreihe noch zu entdecken, die im 19. Jahrhundert vor allem von Kapitänen und Schiffern bewohnt wurde. Sogar eine kleine „Künstlerkolonie" hat es in der Wasserreihe gegeben. Dort wohnte nicht nur Theodor Storm, sondern in der zweiten Hälfte des 19. Jahrhunderts auch der Porzellanmaler Christian Sass und der Maler Nikolaus Sunde. Viele Gebäude in der Wasserreihe sind in den letzten Jahren saniert worden, um sie den heutigen Erfordernissen an ein zeitgemäßes Wohnen anzupassen, aber auch, um sie der Nachwelt zu erhalten. Besonders ansprechend das Haus *Wasserreihe 46*, mit seinen beiden bemerkenswerten Giebeln, von denen der kleinere nach Westen blickt, den beiden, für alte Husumer Häuser typischen Utluchten (Erkern) und der sehr aufwendigen Haustür, die zu den schönsten in Husum gehört.

Die Wasserreihe trägt heute ihren Namen eigentlich nicht mehr zu Recht, denn an das Wasser stoßen die Grundstücke nicht mehr. In den fünfziger Jahren des vorigen Jahrhunderts ging man daran, den Hafen zu erweitern. Die hochfahrenden Pläne der Kopenhagener Regierung, die aus Husum eine bedeutende Hafenstadt machen wollte, wurden zwar zu den Akten gelegt, zu einem bescheidenen Ausbau des bestehenden Hafenbeckens kam es gleichwohl. Auch erhielt damals die Stadt ihre erste Seeschleuse, so daß sie vor den Sturmfluten gesichert wurde. Auch die Zingelschleuse erhielt einen Neubau. Dieses Bauwerk ist noch erhalten mit der torartigen Umrahmung des Austritts der Husumer Aue in das Hafenbecken und mit dem Monogramm König Friedrichs VIII. von Dänemark mit der Jahreszahl 1858.

Blick in die Wasserreihe,
rechts das Stormhaus

44

1870–1878 wurde auch das Ufer der Aue westlich der Schiffbrücke befestigt und als Kaimauer ausgebildet. Es entstand damals die **HAFENSTRASSE**, die heute die eigentliche „Wasserfront" Husums bildet. An der Hafenstraße wurden später schmale, mehrgeschossige Giebelhäuser errichtet, aber auch einige Speicher, die erhalten geblieben sind.

Heute hat es die Husumer Gastronomie verstanden, sich die Lage am Hafen nutzbar zu machen und einen Teil der alten Lagerhäuser zu interessanten Gaststätten umgebaut. Das größte dieser für einen Hafen typischen Gebäude wird heute jedoch als Husums sozio-kulturelles Zentrum genutzt und ist unter dem Namen **„Speicher"** weit über die Grenzen Husums und Nordfrieslands bekannt geworden. Hier hat die alternative Szene der Storm-Stadt ihre Heimat gefunden, doch wird der „Speicher" auch gern von den „etablierten" Organisationen für die verschiedensten Veranstaltungen genutzt.

Das neue Rathaus, die Wohnbebauung auf dem Südufer und die Nutzung des Hafenbeckens als Marina für Motorboote haben dem Binnenhafen eine gänzlich andere Atmosphäre gegeben, als er es noch bis zum Ende der siebziger Jahre hatte, damals prägte die Werft mit ihren Industrie- und Werkstattbauten das Bild, heute stellt sich dagegen der Binnenhafen heiterer und – Sonnenschein vorausgesetzt – fast ein wenig südländisch dar, vor allem wenn wir von der neuen Fußgängerbrücke oder der kleinen Uferpromenade vor den modernen Wohnhäusern auf der südlichen Seite auf die vielen kleinen Häuser der Altstadt, das bunte Treiben auf der Hafenstraße, die durch viele Bögen gegliederte Hafenmauer und die Boote der Freizeitschiffer blicken. Besonders auffällig die „Nordertor", früher ein stolzer Fördedampfer mit Heimathafen Flensburg, heute das Clubheim Husumer Motorbootfahrer und als solches heiß und innig geliebt trotz ständigen Reparaturbedarfs …

Nach der Verlagerung der Husumer Schiffswerft an den Außenhafen war es um den Binnenhafen ruhig geworden. Doch die neue, vielfältige Nutzung des Binnenhafens und seiner Umgebung machen diesen Teil der Stadt weiterhin zu einer Sehenswürdigkeit, die zu einem großen Teil das Gesicht der „Grauen Stadt am Meer" prägt und ihr Flair ausmacht. So denkt auch heute niemand mehr daran, das Hafenbecken zuzuschütten, wie es noch in den fünfziger Jahren überlegt, aber zum Glück für die Stadt nicht ausgeführt wurde. Der eigentliche Husumer Hafen als Umschlagplatz für Güter und Waren beginnt heute allerdings erst hinter der die beiden Hafenbecken trennenden **Eisenbahnbrücke**.

Zunächst wurde für die Bahnlinie nach Norden eine eingleisige Drehbrücke errichtet, dann Anfang unseres Jahrhunderts eine doppelte Klappbrücke, die lange als die größte Eisenbahnklappbrücke Deutschlands galt. Schließlich hatte aber auch sie ausgedient und wurde 1977/78 durch die jetzige Brücke nach holländischem Vorbild ersetzt. Die neue Brücke überzeugt durch ihre charakteristische Bauweise und dürfte eines der Wahrzeichen Husums werden. Der Hafen ist übrigens seiner Tradition treu geblieben. Auch heute noch sind es vor allem der Getreideexport und die Einfuhr von Düngemitteln und Viehfutter, die das Wirtschaftsleben am **AUSSENHAFEN** bestimmen. Beherrscht wird er von den hohen Silo-Anlagen auf beiden Seiten des Hafenbeckens. Die Lagerkapazität in den Silos beträgt 100000 Tonnen.

Der Husumer Hafen konnte sich erst in den letzten Jahren in dieser Art entwickeln, da durch die neue Seeschleuse das Anlaufen auch größeren Schiffen möglich wurde. Der Hafenumschlag hat sich demzufolge in den letzten Jahren merklich erhöht. Wurde noch während der sechziger Jahre die zukünftige Bedeutung des Hafens gering veranschlagt, so konnte er 1977 doch einen Umschlag von 320 000 Tonnen aufweisen, während es 1968 noch 99 000 Tonnen waren. Der Umschlag im Hafen hat sich seither zwischen 400 000 und 500 000 Tonnen jährlich eingependelt. Auch der Ausflugsverkehr, der lange Zeit fast ganz zum Erliegen gekommen war, weist heute wieder nennenswerte Zahlen auf.

Die Erhöhung der Silo-Kapazitäten, aber auch die Vergrößerung der angeschlossenen Futtermittelbetriebe hat dazu geführt, daß heute ein beträchtlicher Teil des Landhandels im schleswig-holsteinischen Norden über den Husumer Hafen abgewickelt wird.

Wichtig für den Hafen ist aber auch die *Fischkutterflotte*, die hier beheimatet ist und die ihren Liegeplatz auf der anderen Seite des Hafens in einem eigenen kleinen Hafenbecken hat, das sich die Fischer mit den Husumer Seglern teilen.

Hinter den Silos, ebenfalls auf der Südseite des Hafens, hat schließlich die **Husumer Schiffswerft** ihren Betrieb eingerichtet. Eine Werft gibt es in Husum vermutlich schon seit dem 16. Jahrhundert, sie hatte stets ihren Platz am Ende des Binnenhafens auf dessen Südseite.

Der heutige Werftbetrieb kann direkt bis auf das Jahr 1762 verfolgt werden. Damals erwarb der Schiffbauer Broder Andresen in Husum das Bürgerrecht. Während sich sein Betrieb allem Anschein nach zunächst auf die Reparatur von Schiffen beschränkte, wurde im 19. Jahrhundert die Neubautätigkeit stärker. Im Jahre 1823 konnte die Werft 12 bis 14 Mann beschäftigen, 1826 waren es schon 20 Mann, die hier ihren Broterwerb fanden. Diese Blüte dauerte indes nicht lange, im späteren 19. und der ersten Hälfte des 20. Jahrhunderts be-

Binnenhafen mit Eisenbahnklappbrücke und den hohen Silos am Außenhafen

schränkte sich der Betrieb weiter nur auf Reparaturaufträge.

Konnte in den dreißiger Jahren die Werft noch als ein idyllischer Flecken Erde bezeichnet werden, so änderte sich das Bild Anfang der fünfziger Jahre grundlegend. Nach dem Zweiten Weltkrieg hatten die Gebrüder Kröger die Werft übernommen, die ihren alten Betrieb in Warnemünde aufgeben mußten. Bald entstand auf der Anlage am Binnenhafen eine stattliche Anzahl von Passagierschiffen, Fähren und Frachtern. Ende der sechziger Jahre wurde das Gelände zu klein, und der Betrieb wurde weiter nach draußen verlagert. Die Husumer Schiffswerft erwarb dazu ein Gelände, auf dem sich im 17. Jahrhundert die Husumer Schanzen befunden hatten.

Auf historischem Boden entstand also die neue Husumer Schiffswerft, die beizeiten auch an den Ausbau von Reparaturkapazitäten ging. Zwei moderne Trockendocks dienen vor allem der Aufnahme von Schiffen, die in Husum repariert werden sollen. Die Lage Husums ist dafür günstig, da alle anderen Docks, etwa in Hamburg oder Bremen, weiter landeinwärts liegen. Beim Anlaufen der Husumer Werft zu Reparaturzwecken kann folglich erheblich Zeit gespart werden.

Gegenüber der neuen Husumer Werft befindet sich im übrigen ein weiteres *Trockendock*. Dieses Dock ist eines der ältesten in Europa, das noch in Betrieb ist. Heute dient es der Flotte des Amtes für Land- und Wasserwirtschaft in Husum, das von hier aus die Deiche an der nordfriesischen Westküste und auf den Inseln unterhält. Im Winter liegen im Dock die Schlepper, Vermessungsschiffe und Schuten des Amtes auf, das dort über einen eigenen Hafen mit Reparaturbetrieb verfügt. Dieses Trockendock steht heute unter Denkmalschutz wegen seiner einzigartigen Bedeutung, jedenfalls auf dem europäischen Kontinent.

Hinter dem Dock des Amtes für Land- und Wasserwirtschaft lag die erste Husumer *Seeschleuse* von 1858. Sie hatte eine lichte Weite von acht und eine Tiefe von 3,40 Metern. Bald erwies sich diese Schleuse als zu schmal. 1902 bis 1904 wurde eine gebaut, nur wenige Meter westlich der von 1858. Diese Schleuse hatte jedoch einen Nachteil, mit nur einem Sturmfluttorpaar stellte sie eine latente Gefahr für die Stadt dar. So wurde etwa 300 Meter weiter westlich eine neue Schleuse gebaut und 1960 eingeweiht, die jedoch lediglich eine Weite von 13,50 Meter aufwies, ganze 1,50 Meter breiter als der Vorgängerbau. Man war eben der Meinung, der Husumer Hafen würde sich nicht wesentlich weiterentwickeln können.

Da die Existenz der Husumer Schiffswerft jedoch zunehmend von der Größe der Schiffe abhing, die hier gebaut werden konnten, mußte doch an den Bau einer vierten Husumer Seeschleuse gegangen werden, die nunmehr eine 22 Meter breite Durchfahrt aufweist und 1974 fertiggestellt werden konnte. Die alte Schleuse dient heute übrigens der Aufnahme des Schöpfwerkes. So sind beide Anlagen nebeneinander noch deutlich zu erkennen. Zwischen der alten und der heutigen Seeschleuse lagen übrigens im 19. Jahrhundert Austernbecken. Die in Husum gezüchteten Tiere wurden hauptsächlich exportiert und gelangten sogar an den russischen Zarenhof (siehe „Anna Karenina"). Später fanden die Becken Verwendung für das erste Flutkraftwerk der Welt. Initiator dieser Anlage war der Hamburger Ingenieur E. F. G. Stein. 1913 konnten die Lampen eingeschaltet werden, die ihre Energie aus diesem Versuchskraftwerk erhielten. Der Erste Weltkrieg machte dann den hochfliegenden Plänen, die sich mit der Anlage verbanden – sie sollte nur die Vorstufe eines großen Projekts sein –, ein Ende.

Der Weg zurück in die Husumer Altstadt führt über einen Deich. Während rechts die Silos und die anderen Hafenbetriebe liegen, dehnt sich links die noch unbebaute Marsch des Porrenkooges, und man hat einen herrlichen Blick auf Husum, dessen Bebauung sich zwar ständig nach Osten und Norden ausgedehnt hat, die jedoch nicht die Grenze zur Marsch übersprang.

Die **KLEIKUHLE**, die man entweder vom Deich kommend oder von der Wasserreihe her erreicht, bildet den dritten alten Platz in Husum.

Beherrschendes Gebäude an der Kleikuhle ist das ehemalige Hauptzollamt, das 1929 im Stil des Klinkerexpressionismus errichtet wurde und mit seinem breiten Giebel sich dem scharfen Westwind trutzig entgegenstellt, heute ist es zum einfachen Zollamt „degradiert" worden. Von der Kleikuhle führt der Weg nach Norden in das **WESTERENDE** mit seinen kleinen, alten Fischerhäusern, die sich, eng miteinander verbunden, scheinbar vor den Sturmwinden aus Westen und Norden ducken. Wenige Giebelhäuser ragen aus ihrer niedrigen Umgebung hervor. So etwa das Haus gegenüber Einmündung der Kleinen Straße in das Westerende. In diesem Haus tagte das Husumer Seegericht. Es war im übrigen die Amtswohnung des für die Verwaltung und Pflege der Seezeichen verantwortlichen städtischen Beamten.

Die **KLEINE STRASSE** mit ihrer einheitlichen Bebauung aus dem 18. und frühen 19. Jahrhundert gilt heute als die schönste der Straßen des alten Husumer Fischerviertels, zu dem auch die **Rosenstraße** und die **Langenharmstraße** gehören, auch sie haben ihr charakteristisches Aussehen bewahren können. Die Bezeichnung Rosenstraße ist ursprünglich ein Spottname gewesen und bezog sich auf jenes Gewerbe, das zu jeder Hafenstadt, die etwas auf sich hält, gehört. Noch zu Beginn unseres Jahrhunderts war durch einen Bretterzaun der ungehinderte Blick in die Rosenstraße verwehrt, und auch heute noch hält die „rote Laterne, was sie verspricht".

Der nördliche Teil des Westerendes weist noch einige ansprechende, zum Teil recht stattliche Gebäude des ausgehenden 19. Jahrhunderts auf.

Vom Westerende gelangt man in die **NORDBAHN-HOFSTRASSE**, die ebenfalls zu den alten Straßenzügen Husums gehört, wenn auch die jetzige Bebauung weitgehend aus der zweiten Hälfte des 19. Jahrhunderts stammt. Ihren Namen hat diese Straße häufiger gewechselt, ihren derzeitigen erhielt sie, als 1887 der Bahnhof der Marschbahn angelegt wurde, die von Glückstadt nach Tondern führte. Dieser Bahnhof, dessen Gebäude heute noch steht, wenn auch kein Zug dort mehr hält, wies zeitweise einen lebhaften Verkehr auf.

Die Bedeutung der Straße gegen Ende des 19. Jahrhunderts führte etwa zum Bau des alten „Bahnhofshotels", das als solches längst seine Pforten schließen mußte, dessen Gebäude an der Ecke Nordbahnhofstraße/ Deichstraße jedoch noch erhalten ist. Auch die neugotischen, mehrgeschossigen Häuser auf der anderen Seite zeugen noch von dem vergangenen Glanz dieser Straße, von dem sie noch heute zu träumen scheinen. So gesehen, geht durchaus ein gewisser nostalgischer Reiz gerade von diesem Teil der Nordbahnhofstraße aus. Zu neuem Leben ist jedoch das alte Bahnhofs-Hotel erwacht: In ihm befindet sich das Verlagshaus und die Druckerei der Husum Druck- und Verlagsgesellschaft, bei der dieses Buch erschien.

In die Nordbahnhofstraße mündet von Norden kommend die **Nordhusumer Straße** ein. In ihrem oberen Teil bildete sie den Kern der alten *Dorfschaft Nordhusum*. Dieses Dorf wurde erst in den dreißiger Jahren zu Husum eingemeindet, ebenso wie das Dorf Osterhusum, das nicht mit dem alten Osthusum identisch ist. Auch Rödemis, das jedoch im Gegensatz zu den beiden anderen Dörfern verstärkt sein Eigenleben behaupten konnte, wurde damals ein Stadtteil Husums.

In der Nordhusumer Straße waren noch bis in die Gegenwart einige Häuser erhalten geblieben, die verrieten, daß dort einmal ein Bauerndorf gelegen hatte. Die überwiegende Bebauung entstand jedoch infolge des Bahnhofsbaus mit seinem Lokomotivschuppen, des Güterbahnhofs und der ausgedehnten Gleisanlagen, schließlich wickelte sich die Beschickung des Husumer Viehmarktes damals weitgehend über die Eisenbahn ab. Und die Bahn benötigte eine Menge Leute, die sich in der Nähe der Bahnanlagen ansiedelten. Die meisten dieser alten Bahnanlagen sind heute verschwunden, so der große Lokomotivschuppen und das Bahnbetriebswerk.

Aus dem Rahmen der Bebauung der Nordhusumer Straße fällt jedoch ein großes Gebiet östlich des unteren Teils der Straße heraus. Dort steht, ein wenig abseits der Straße hinter großen Bäumen, ein eingeschossiges reetgedecktes Gebäude, das ein wenig an ein Bauernhaus erinnert. Dabei handelt es sich um das Witwenstift der August-Friedrich-Woldsen-Stiftung, die Teil des Asmussen-Woldsenschen-Vermächtnisses für die Stadt Husum ist. Dieses Vermächtnis geht zurück auf das Erbe zweier Husumer, Catharina Asmussen und August Friedrich Woldsen, die beide im Jahre 1868 starben und ihr Vermögen für die Stadt Husum hinterließen. Diese Stiftung unterhält noch heute neben dem Witwenstift, das ebenfalls von der Diakonie für die Kurzzeitpflege genutzt wird, einen Kindergarten. Seine hauptsächlichen Einkünfte erhält das Vermächtnis aus den Pachterträgen der um den Roten Haubarg bei Simonsberg gelegenen Marschländereien.

Bei dem zur Straße gerichteten Teil des Gebäudes handelt es sich um einen späteren Anbau an das alte Landhaus der Familie Woldsen, das heute noch im östlichen Teil des Gebäudes zu erkennen ist. Das ganze Gelände mit einem Teil des anschließenden Neustädter Friedhofes gehörte im 18. Jahrhundert der Familie Woldsen, die hier einen großen Garten anlegte, zu dem auch das Landhaus gehörte, in dem man bereits damals die Wochenenden im Sommer zu verbringen pflegte.

Das Gelände des alten Woldsenschen Gartens, den Storm in der Novelle „Die Söhne des Senators" eingehend beschreibt, wurde im 19. Jahrhundert weitgehend zerteilt. Heute stehen dort neben dem Stift ein Hochhaus, der Kindergarten der Asmussen-Woldsen-Stiftung und das **Ostenfelder Bauernhaus**.

Hinter dem Grundstück des Ostenfelder Bauernhauses schließt sich der **NEUSTÄDTER FRIEDHOF** an. Dieser Friedhof wurde angelegt, um als Ersatz für den Klosterfriedhof zu dienen, der bei dem alten Kloster auf dem Gelände des heutigen Schlosses lag. Als Herzog Adolf sich in den siebziger Jahren des 16. Jahrhunderts entschloß, dort ein Schloß zu errichten, mußte er einmal für die Unterbringung der Klosterinsassen sorgen, denn das Kloster diente nach der Reformation der Aufnahme von alten und gebrechlichen Menschen, er mußte ferner auch einen Ersatz für den eingezogenen Friedhof des Klosters schaffen, der neue Friedhof wurde am 16. Sonntag nach Trinitatis 1573 eingeweiht.

So ist nun der Neustädter Friedhof seit etwa 400 Jahren im Betrieb, und es geht eine eigenartige Atmosphäre von ihm aus, denn hier begraben die Husumer immer noch mitten in der Stadt ihre Toten. Allerdings für die ganze Stadt ist er längst zu klein geworden. 1891 wurde der weitaus größere Ostfriedhof, der heute auch schon fast mitten in der Stadt liegt, und vor etwa zehn Jahren der Südfriedhof bei Rödemis eingeweiht.

Eine Reihe bedeutender Husumer Bürger ist auf dem Neustädter Friedhof begraben worden, ihre Grabsteine sind teilweise erhalten geblieben. Zu ihnen gehören auch die *Eltern* des Dichters *Theodor Storm,* aber auch seine Tochter *Gertrud* hat hier ihre letzte Ruhestätte gefunden. Die Gräber des dichtenden Bürgermeisters *Emanuel Gurlitt* sowie des Malers *Richard von Hagn* befinden sich ebenfalls auf dem Neustädter Friedhof.

Auch eine Epoche schleswig-holsteinischer Geschichte wird an dieser Stätte in Erinnerung gerufen. Im Mittelgang des Friedhofs erhebt sich auf einigen Steinstufen ein großer, teilweise unbehauener Granitblock, der den schleswig-holsteinischen Gefallenen des Krieges gegen Dänemark 1848–50 gewidmet ist. Das **Kriegerdenkmal** wurde 1865, also nach dem Ende der dänischen Zeit, errichtet. Nur wenige Meter von ihm entfernt steht das **Denkmal** für die **dänischen Gefallenen**, die ihr Leben bei der Erstürmung Friedrichstadts 1850 ließen. Es handelt sich dabei um einen hohen sandsteinernen Obelisken, der ganz im Geiste des Klassizismus gestaltet ist.

Das dänische Denkmal wurde am 1. Januar 1851 eingeweiht. Der Festzug, der zu diesem Anlaß durch die Stadt zum Neustädter Friedhof zog, wurde von Storm zum Anlaß eines bitteren Gedichtes genommen:

> „Sie halten Siegesfest, sie ziehn die Stadt entlang;
> Sie meinen Schleswig-Holstein zu begraben,
> Brich nicht mein Herz! Noch sollst du Freude haben;
> Wir haben Kinder noch, wir haben Knaben,
> Und auch wir selber leben, Gott sei Dank!"

Siegesfest konnte Storm seinerseits freilich auch später nicht feiern, zwar mußte Dänemark Schleswig-Holstein 1864 aufgeben, der Traum vom eigenen Staat im Deutschen Bund realisierte sich aber nicht, denn Preußen annektierte Schleswig-Holstein und machte es zur preußischen Provinz. Über diese Lösung war Storm ebensowenig glücklich wie über die vorigen Zustände. Erst nach dem Zweiten Weltkrieg durch die Schaffung des Bundeslandes Schleswig-Holstein haben sich die Vorstellungen der Schleswig-Holsteiner von 1848 erfüllen können.

Der aufmerksame Besucher wird übrigens auf dem Neustädter Friedhof noch eine Anzahl alter gußeiserner Grabkreuze aus dem frühen 19. Jahrhundert, aber auch interessante Grabsteine späterer Zeiten entdecken, die ein aufschlußreiches Kapitel Kulturgeschichte darstellen. Durch den „Totengang" gelangt man vom Neustädter Friedhof auf die Neustadt.

Wie der Name schon sagt, hat sich die **NEUSTADT** als letzte der altstädtischen Straßen entwickelt. Der Grund dafür liegt wohl ebenfalls in der Tatsache, daß man zunächst ein freies Gelände für den Viehmarkt benötigte, der allmählich von der Großstraße weggedrängt wurde. Später hat man dann auch die Ausfallstraße nach Norden an ihrem Rand bebaut, da aufgrund des Bevölkerungszuwachses Bauland dringend benötigt wurde. Ein Markt für Kleintiere fand wohl lange noch auf dem Rest des Geländes statt, das einst den ganzen Markt aufgenommen hatte. Noch heute gibt es im Winkel hinter den Häusern der Großstraße und der unteren Neustadt die Straßenbezeichnung „Quickmarkt", die auf den Handel mit Kleintieren deutet.

Der eigentliche Viehmarkt beherrschte jahrhundertelang das Leben der Neustadt. An Markttagen war das Vieh sogar auf der Straße aufgestellt, obwohl der eigentliche Markt auf dem Kamp nördlich der Stadt abgehalten wurde. Die Neustadt war mit ihren Häusern dennoch ganz auf den Erwerbszweig des Viehhandels ausgerichtet. Fast jedes Haus war eine Gaststätte, und auf dem Hof standen Gastställe für das Vieh, das aus Jütland und von den Inseln nach Husum gebracht wurde. Daraus erklärt sich noch heute die große Zahl der verschiedenen Gaststätten auf der Neustadt, auch die Ställe können auf den Höfen dieser Wirtschaften zum Teil heute noch entdeckt werden.

Der Husumer Viehmarkt erlebte zu Ende des 19. Jahrhunderts seine absolute Blütezeit. Das kann an den Häusern dieser Straße abgelesen werden, die fast ausnahmslos aus dieser Zeit stammen, was dem Straßenzug ein buntes, abwechslungsreiches, aber auch geschlossenes Gesicht gibt.

Damals war die Neustadt das Zentrum der Stadt. Hier wurde das erste Finanzamt (!) gebaut, selbst die Kirche errichtete um die Mitte des Jahrhunderts ihre Propstei auf der Neustadt (heute Schloß-Apotheke), schließlich zog es auch die Banken hierher. 1907 errichtete die Schleswig-Holsteinische Bank ihr repräsentatives Bankhaus gegenüber der Schloßstraße und direkt an der Ecke zum Totengang. Bei dem Gebäude handelt es sich um ein Bauwerk in einer Mischung zwischen Jugendstil und Barock. Seine städtebauliche Lage und seine Architektur mit dem hohen Mittelgiebel, dem auf hohen Konsolen ruhenden breiten Erker und den Naturstein-Bögen des Untergeschosses machen dieses Bauwerk zu einem bemerkenswerten Baudenkmal. Nachdem dieses stattliche Haus längere Zeit leergestanden hat, befindet sich jetzt dort Husums erste Privatbrauerei „Husums Brauhaus" und das moderne Theodor-Storm-Hotel.

Am nördlichen Ende der Neustadt liegt das Gelände des alten **Viehmarktes**. Es schließt sich hinter dem Schloßgarten an. Von der alten Anlage, wie sie bis in die sechziger Jahre bestand, ist heute nicht mehr viel zu erkennen. Lediglich die erst Anfang der fünfziger Jahre errichtete Markthalle steht noch. Sie wird auch heute noch für kleinere Viehmärkte gebraucht, außerdem finden hier die für Deutschland seltenen Wollauktionen statt. Im übrigen wird die Nordseehalle, wie sie offiziell heißt, hauptsächlich für Ausstellungszwecke benutzt.

Der größte Teil des alten Viehmarktes wird jedoch von dem Gebäude der **Kreisverwaltung Nordfriesland** eingenommen, das hier 1971 bis 1972 errichtet wurde.

Vor dem Haupteingang stehen übrigens drei *Grenzsteine* der alten Kreise Eiderstedt, Husum und Südtondern, aus denen der Kreis Nordfriesland geschaffen wurde. Das Wappen des neuen Kreises ist an der südlichen Außenwand des Kreistagssaales angebracht. Das Motiv der drei Schiffe ist dem alten Eiderstedter Wappen entlehnt; wie sie in diesem für die drei Eiderstedter Gebiete Utholm, Everschop und Eiderstedt stehen, sollen sie im neuen nordfriesischen Wappen die drei alten Kreise symbolisieren.

Alte *Grenzsteine* aus dem Jahre 1609 stehen ebenfalls in der Nähe des Kreishauses, sie zeigen die alte Grenze zwischen der Stadt und dem Amt Husum an. Die Buchstaben IAH stehen für Herzog Johann Adolf und HA für Herzogin Augusta, der das Amt Husum gehörte. –

Wendet man sich dagegen vom Totengang auf die Neustadt nach Süden, kommt der Besucher auf der rechten Seite an einem der ältesten Häuser vorbei, die noch in dieser Stadt stehen. Es ist ein Doppelhaus, verfügt also über zwei Giebel. Die Maueranker geben das Erbauungsjahr 1675 an. Die Giebel sind mit Gesimsen gegliedert, auch die Utlucht hat sich erhalten können wie auch ein großer Teil des Wandpaneels und der alten Türen. In diesem Haus hatte Theodor Storm eine Zeitlang seine Anwaltspraxis.

Von großer geschichtlicher Bedeutung ist das Gebäude am unteren Ende der Neustadt auf der westlichen Seite. Dieses Grundstück an der Ecke zur Langenharmstraße gehörte einst dem Eiderstedter Staller (Statthalter) Harmen Hoyer, nach dem die Langenharmstraße benannt ist. Er war ein Schwiegersohn Herzog Friedrichs von Gottorf. In diesem Haus wartete der Herzog die Vorgänge ab, die zum Sturz seines königlichen Neffen führten und ihn selbst zum dänischen König machten. Hier wurde ihm schließlich von einer Abordnung der dänischen Landstände die Königskrone angetragen.

Dieses für das Oldenburger Haus auf dem dänischen Königsthron so bedeutende Gebäude bestand bis zum Brand von 1852, und es ist bekannt, daß die dänischen Könige sich diese „Sehenswürdigkeit" anschauten, wenn sie nach Husum kamen. – Es ist ein merkwürdiges Omen, daß nach der Vernichtung dieses ehrwürdigen Hauses in der Husumer Langenharmstraße auch bald das Ende der jahrhundertelangen Regierung der Oldenburger über Schleswig-Holstein gekommen war.

Über die Großstraße gelangen wir zurück zum Marktplatz und von dort zur Norderstraße. Sehenswert ist der **SCHLOSSGANG**, über den der Weg vom Schloß zum Markt führt. Bis in die siebziger Jahre unseres Jahrhunderts war er lediglich eine untergeordnete Verbindung zwischen Schloß und dem Marktplatz, die von Anfang an mehr der praktischen Nutzung als fürstlicher Selbstdarstellung dienen sollte. Dies ergibt sich auch aus der Urkunde, mit der Herzog Johann Adolf von Gottorf die Schenkung eines Bauplatzes für ein Rathaus in der Großstraße durch seinen Vater bestätigte. Er machte aber folgende Auflage:

„Jedoch aber sollen sie (die Husumer) den Weg von unseren Hause (gemeint ist das Schloß) nach dem Markt also groß und weit lassen, dass man mit dem Pferd und Wagen dadurch kommen und passieren könne."

Um aber dennoch einerseits den Platz für das Rathaus möglichst auszunutzen, andererseits aber der herzoglichen Auflage gerecht zu werden, wurde der Fahrweg zum Schloß mit Bögen überbaut. Dadurch haftete dem Schloßgang eine untergeordnete Bedeutung an, und er war Ausdruck einer gesunden Distanz zwischen der Bürgerstadt am Markt und dem höfischen Quartier rund um das Schloß.

Im 19. Jahrhundert wurden dann im Schloßgang die Betriebsgebäude der Husumer Bierbrauerei errichtet, die auch die großen und wesentlich älteren Kellergewölbe auf der östlichen Seite der Straße ausnutzte. Heute hat die Brauerei einer modernen Wohnbebauung auf beiden Seiten des Straßenraumes Platz gemacht. Die tradi-

Dieser Brunnen stand ursprünglich auf dem Husumer Viehmarkt, er entstand kurz vor der Jahrhundertwende. Verschieden große Tiere konnten aus seinen Schalen trinken. Sogar an die Vögel war gedacht, wie der gußeiserne Artgenosse auf der oberen Schale zeigt. Heute steht der Brunnen auf einem Platz an der Ecke Osterende/Kuhsteig.

61

tionelle Bauweise der Häuser vermeidet bewußt einen Bruch mit der umgebenden Altstadt und nimmt deren Elemente auf. Kleinere Geschäfte schließen an den Bereich der Innenstadt an und nutzen die beliebte Fußgängerverbindung zwischen den nördlichen Stadtteilen und der Innenstadt. Geblieben ist die alte Kelleranlage, die heute gastronomisch genutzt wird („Historischer Braukeller"). Dieser sehenswerte Keller zählt zu den größten alten, erhaltenen Bauwerken der Stadt, von dem allerdings oberhalb der Erde keine Spuren zu sehen sind.

Zurück zum Markt und zur **NORDERSTRASSE**. Den Auftakt dieser Straße bildet im Süden das breite, nach Westen gelagerte Gebäude *Norderstraße 2*, das heute die Altenbegegnungsstätte der evangelischen Kirche beherbergt. Mit seinem tief heruntergezogenen Krüppelwalmdach und dem behäbigen klassizistischen Portal nimmt es deutlich Bezug auf die nahe Marienkirche.

Erbaut wurde das Haus 1839 von dem dänischen Bauinspektor für Schleswig *Wilhelm Friedrich Meyer*, der ein Schüler des berühmten dänischen Architekten Christian Friedrich Hansen war, von dem die Entwürfe für die Marienkirche stammen. Ursprünglich nahm das Haus die Mädchen-Bürgerschule auf, später wurde es Kindergarten der Woldsen-Stiftung, dann Propsteirentamt und ist jetzt Altenbegegnungsstätte.

Neben der Mädchen-Bürgerschule von W. F. Meyer lag übrigens die Husumer Gelehrtenschule, die in einem alten Gebäude aus dem 16. Jahrhundert untergebracht war. Wie aus Akten des Stadtarchives hervorgeht, war sogar geplant, anstelle der Gelehrtenschule und späteren Mädchen-Bürgerschule ein einziges Schulgebäude zu errichten, in dem alle Husumer Schüler der verschiedenen Sparten unterrichtet werden sollten.

Das Gebäude *Norderstraße 3* zeichnet sich, wie viele alte Häuser in Husum, durch eine bemerkenswerte

1839 wurde dieses Haus bei der Marienkirche als Schule gebaut, heute dient es als Altenbegegnungsstätte

Haustür aus. Diese ist im „Zopfstil" entstanden und stammt aus der Zeit des ausgehenden 18. Jahrhunderts. Überhaupt handelt es sich bei diesem Haus um ein sehr altes Gebäude, dessen Außenhaut sich zwar in neugotischen Formen darstellt, der Kern des Hauses, aber auch der Fassade, stammt jedoch aus dem 16. Jahrhundert.

Auch bei dem Haus **Norderstraße 7** handelt es sich um eine Besonderheit. Das Gebäude stammt aus dem

63

18. Jahrhundert und ist bis heute vollständig erhalten geblieben. Lediglich die Fassade wurde um 1900 verändert. Als sie um 1985 baufällig wurde, konnte dem alten Haus seine ursprüngliche Fassade zurückgeben werden. Man hatte ihre alte Form auf einem erhalten gebliebenen Pfeifenkopf aus der Biedermeierzeit entdeckt. Die Rekonstruktion gelang unter fachlicher und materieller Unterstützung durch die Stiftung zur Erhaltung des Husumer Stadtbildes, die sich seit 1975 der Erhaltung alter Häuser in Husum annimmt.

Überhaupt zeichnet sich die Norderstraße durch viele verborgene alte Details in den zum Teil recht charaktervollen Fassaden des 19. Jahrhunderts aus, die heute das Bild der Straße bestimmen. Neubauten versuchen auch hier, sich in das Bild einzugliedern. Über dem Eingang zum Haus Norderstraße 11 findet sich beispielsweise eine alte Inschriftentafel, und vor dem Haus Norderstraße 21 stehen neben dem Eingang zwei sandsteinerne *Beischlagwangen*. Sie stammen aus dem Jahre 1616 und tragen jeweils eine Figur, die eine Tugend darstellt: links eine Justitia, das Haus gehörte damals einem Advokaten, und rechts, als Symbol für die Tugend der Hausfrau und Mutter, die Caritas. Diese Beischlagwangen bildeten ursprünglich die seitliche Begrenzung zweier gegenüberliegender Sitzbänke, die in den Straßenraum hineinragten und dem abendlichen Plausch mit Nachbarn und Freunden dienten.

Ein Gasthaus war in dem Gebäude *Norderstraße 21* bereits vor der Reformation vorhanden. Dort logierte im übrigen auch ein päpstlicher Ablaßhändler, wie aus einer Zeugenaussage bekannt ist, die ein alter Mann um die Zeit der Reformation anläßlich eines Prozesses gemacht hat, in dem es eigentlich um Grenzstreitigkeiten ging. Der alte Mann erinnerte sich, daß in seiner Jugend ein katholischer Ablaßhändler auf seiner Reise durch

Giebel des Hauses Norderstraße 50

Schleswig-Holstein dort eingekehrt war und auf seinem ähnlich wie ein Ritterpferd zum Turnier mit Decke und Glöckchen geschmücktem Pferd durch die Durchfahrt auf der Westseite des Hauses geritten sei.

Ein altes Herzogswappen schließlich findet sich am Türmchen des Hauses **Norderstraße 44**. Es stammt vom alten Husumer Rathaus, dessen Fassade 1809–11 umgebaut wurde.

Ein besonders schönes Gebäude ist das Haus **Norderstraße 50**. Es handelt sich zwar lediglich um ein eingeschossiges Gebäude mit Dachgeschoß, doch ist der Giebel bis ins Detail durchgestaltet. Ihn bekrönt ein kleines Türmchen, das auf einer als Wappen ausgebildeten Konsole ruht. Das Wappen ist das der Familie Luth, die den ersten „regierenden" Bürgermeister der Stadt stellte, wie die offizielle Bezeichnung lautete. Das Erbauungsjahr des als Luth-Haus bekannten Gebäudes ist ungewiß, nach der Meinung des schleswig-holsteinischen Hausforschers Saeftel wurde es um 1720 errichtet.

Hinter der Kreuzung Norderstraße–Kuhsteig–Plan beginnt das **OSTERENDE**. Es war eine Straße, die früher hauptsächlich von Handwerkern und kleinen Gewerbetreibenden bewohnt war. Die Tatsache, daß sich die Stadt zunächst nicht befestigen durfte und dann selbst nicht wollte, trug dazu bei, daß hier am Ostrand der Altstadt sich die Bebauung ungehindert ausdehnen konnte. Viele dieser kleinen eingeschossigen Traufenhäuser sind erhalten geblieben, werden aber zunehmend durch größere Bauten ersetzt. Tiefe Gärten hinter den Häusern, eine breite Fahrbahn sowie die Lindenallee charakterisieren diese ungewöhnliche Straße. Geschichtlich interessant ist das Gebäude Osterende 2, bei dem es sich um die alte Husumer **Scharfrichterei** handelt, in der der Henker der Stadt seine Wohnung hatte, wo aber auch der Kerker war. Das Haus selbst ist seither verändert worden, der

Bornholm und im Dom von Ribe hängen Glocken Husumer Meister. 1750 wanderte der letzte Glockengießer
Hinrich Armowitz zurück nach Lübeck, wo er bereits
vorher gearbeitet hatte. Wenn auch seither dieses Hand-
werk in Husum erloschen ist, künden die Glocken in fast
allen Orten Schleswig-Holsteins von der Kunst Husumer
Glockengießer.

Entweder über den Klosterfriedhof oder durch den
weiter im Osten gelegenen **MÖNKEWEG** führt der Weg
in die Süderstraße. Der Mönkeweg ist die erste Husumer
Straße, die außerhalb der Grenzen der Altstadt angelegt
wurde. Um die Mitte des vorigen Jahrhunderts begannen
wie andernorts reiche Husumer, die Innenstadt zu verlassen, und bauten sich Villen außerhalb der engen Alt-
stadtviertel.

Das erste Landhaus dieser Art ist das kleine Palais
„Engelsruh" in der Osterhusumer Straße, die die Verlängerung der Süderstraße nach Osten bildete. Dieses reiz-
volle spätklassizistische um 1850 erbaute Haus liegt noch
inmitten eines großen Parks und erinnert an ein Herrenhaus. Die Villen im Mönkeweg begnügen sich statt
dessen mit einem wesentlich kleineren Grundstück und
liegen enger nebeneinander. Mit ihnen beginnt in
Husum überall die Entwicklung zum Einfamilienhaus.
Diese Entwicklung erhielt nicht zuletzt ihre Impulse aus
England, und mit ihren Türmchen, den gotisierenden
Fenstern und dem dunklen Rotstein-Mauerwerk
machen einige dieser Villen durchaus auch einen Eindruck, der die Verwandtschaft zu englischen Landhäu-
sern nicht leugnet.

Die **SÜDERSTRASSE** hingegen ist wieder eine typische
Husumer Altstadtstraße mit kleinen eingeschossigen Traufenhäusern. Auch hier wohnten Handwerker
und Arbeitsleute, wie sie damals genannt wurden.
Immerhin hatte jeder sein eigenes kleines Haus mit

gewölbte Keller aber, der als Gefängnis diente, ist erhalten geblieben. Und wer will, kann durch das Kellerfenster neben der ins Erdgeschoß führenden Treppe einen schaudernden Blick in diesen Keller werfen.

Einige Häuser weiter nach dieser etwas grausigen Stätte schließt sich der **Klosterfriedhof** an. Er gehörte zu dem daneben liegenden Gasthaus zum Ritter Sankt Jürgen, kurz Kloster genannt. Auch auf diesem Friedhof finden sich die Gräber bekannter Husumer Familien, unter anderem die **Gruft** der uns bereits schon häufiger begegneten *Familie Woldsen*. Deren Gruft wurde vor dem Abbruch der alten Marienkirche angelegt, um die Gebeine der Familienangehörigen aufzunehmen, die bis dahin in der Kirche am Markt bestattet wurden. Die Gruft besteht aus einem gewölbten Raum, in dem auf zwei Rosten übereinander die Särge hingestellt werden konnten.

Der berühmteste Familienangehörige war **Hans Theodor Woldsen Storm**, wie der volle Name des Dichters lautete. Die Inschriften an den Stirnseiten dieses halb unterirdischen Bauwerks, die sich allein auf den Dichter beziehen, sind deswegen leicht irreführend. Er war nur einer unter vielen Angehörigen seines Hauses, die hier beigesetzt wurden. – Und das auch nur nach einem langwierigen Prozeß, in dem sich Storm das Recht, in dieser „letzten Kammer von der Last des Lebens auszuruhen", erkämpfen mußte. Kurz vorher war es nämlich durch die Regierung verboten worden, den Klosterfriedhof weiterhin zur Beerdigung zu benutzen.

Gegenüber dem Kloster liegt, mit einer etwas veränderten Fassade, das alte *Glockengießerhaus* (Nummer 27).

Seit 1540 sind Glockengießer in Husum nachgewiesen, und von 1584 bis 1750 wurden in diesem Haus im Osterende Glocken für das ganze Land gegossen, selbst auf

Das Landhaus „Engelsruh" in der Osterhusumer Straße

einem großen Garten dahinter. Viele dieser Häuser sind erhalten geblieben oder verraten ihre durchaus ehrbare Herkunft hinter einer entstellenden modernisierten Fassade.

Wie ein Landhaus gibt sich dagegen das Gebäude **Süderstraße 101**, das seine breite Front mit einem hohen Walmdach der Straße zuwendet. Der Eingang wird durch ein klassizistisches Portal umrahmt.

Die Häusergruppe westlich davon bildet das **Handwerkervereinshaus**. Die Jahreszahl 1743 gibt das Erbauungsjahr eines der eigentlich drei Gebäude an, die eine wechselvolle Geschichte hinter sich haben. Im 19. Jahrhundert nahmen sie eine Zeitlang die Knaben-Bürgerschule auf, danach kauften die Husumer Handwerker die

Gruppe, die hier unter anderem für die Weiterbildung und Unterrichtung junger Handwerker und auch für eine Art Berufsschulbildung sorgten. Noch heute hat die Handwerksinnung hier ihre Räume, außerdem ist das Handwerkervereinshaus mit seinen verschiedenen Sälen Zentrum gesellschaftlichen Lebens.

Weiter im Westen der Süderstraße erhebt sich auf der Nordseite das stattliche Backsteingebäude *Süderstraße 57*. Mit seinen Spitzbogen-Blenden macht es fast einen kirchlichen Eindruck, und tatsächlich handelt es sich bei dem Haus um ein altes Pastorat. Mit seiner vorzüglich städtebaulichen Lage schließt es an dieser Stelle die sich verbreiternde Süderstraße nach Osten ab und bildet eine kleine Platzanlage.

Schräg gegenüber mit einer Putzfassade aus dem 19. Jahrhundert steht der alte **Schützenhof**. Er wurde gegen Ende des 16. Jahrhunderts errichtet, um der gerade gegründeten Schützengilde ein Haus für ihre Zusammenkünfte und Schießübungen zu geben.

Die Gilde wurde 1586 von Herzog Adolf von Gottorf ins Leben gerufen. Dabei ging es dem Herzog weniger um gesellige Zusammenkünfte seiner Untertanen, sondern um die Aufstellung einer Art Miliz, die auch einen Ordnungsfaktor darstellen sollte, denn mit kleineren Volksaufständen rechnete man damals durchaus, und völlig entspannt war das Verhältnis zwischen dem Herzog und seinen Friesen keineswegs.

Der Herzog ließ dann der Gilde auch seine volle Aufmerksamkeit zukommen. So nahm er selbst, wie seine Nachfolger auch, an den Schützenfesten teil und schoß nach der Scheibe im Garten des Schützenhofes an der Süderstraße. Häufiger brachten die Fürsten Gäste mit, die auf dem Husumer Schloß weilten. So schoß etwa 1641 Christian August bei Rhein, Herzog von Bayern, nach der Scheibe, 1666 war es dann der Landgraf von Hessen und 1674 der dänische König, die Gäste der Herzöge, aber auch der Gilde waren.

Das Schützenhaus verfügte im Obergeschoß über einen Saal, der nicht nur für die Feste der Gilde benutzt wurde, auch kleinere Theateraufführungen fanden hier statt. Anschaulich wird dieses *kleine Theater* in Storms Novelle „Pole Poppenspäler" beschrieben, der die Handlung seiner Novelle hier spielen läßt.

Die Gilde mußte ihr altes Haus aufgeben, als mit zunehmender Dichte der Bebauung das Schießen auf diesem Grundstück zu gefährlich wurde. Die Husumer Schützengilde besteht aber immer noch, ebenso wie ihr altes Gildehaus in der Süderstraße.

Hinter der Herzog-Adolf-Straße, die von Norden kommend die Süderstraße in Richtung Bahnhof durchschneidet, beginnt der westliche Teil der Süderstraße, früher auch *Papenstraat* genannt, weil dort – in der Nähe der Kirche – der Klerus wohnte. Ein wenig von dieser alten Bestimmung ist noch zu erkennen. So standen die beiden Häuser *Süderstraße 14*, das Eckhaus auf der Südseite, und *Süderstraße 12*, das Nebenhaus, in unmittelbarem Zusammenhang mit der Kirche und der Schule. Das linke Gebäude (Nummer 14) wurde 1842 als Wohnhaus für den Subrektor der Husumer Gelehrtenschule errichtet. Baumeister war wieder Wilhelm Friedrich Meyer, dem als Bauinspektor ohnehin alle öffentlichen Bauten unterstanden. Das Haus Nummer 12 dagegen gehörte dem Pastor Herr, der es einer Stiftung vermachte, damit dort Predigerwitwen ihren Lebensabend verbringen konnten.

Von dieser Herrschen Predigerwitwen-Stiftung mietete Storm nach seiner Rückkehr aus Heiligenstadt das Haus. Dort starb im Kindbett 1866 seine erste Frau Constanze. Das Äußere des Hauses blieb vollständig im Stil des ausgehenden 18. Jahrhunderts erhalten. Sein

Alter ist jedoch wesentlich höher: Es dürfte im 16. Jahrhundert gebaut worden sein, darauf deuten das große Steinformat, das an einigen Außenwänden zu erkennen ist, aber auch die Balkendecken im Innern.

Schräg gegenüber dieser Häusergruppe liegt ein kleines eingeschossiges Giebelhaus. Die Tafel in diesem Giebel kündet davon, daß dort in der zweiten Hälfte des 15. Jahrhunderts *Hermann Tast* geboren wurde, der die Reformation nach Husum und Schleswig-Holstein brachte.

Auf der anderen Straßenseite erhebt sich hinter einer alten Eiche, die zum „Frieden im deutschen Reich 1871" gepflanzt wurde, das alte Gebäude der **Hermann-Tast-Schule**, wie die alte **Gelehrtenschule** heute heißt.

Eine Latein-Schule gab es in Husum schon vor der Reformation, denn in dem Vertrag von 1527, der die friedliche Einführung der Reformation regelte, werden ausdrücklich auch die Schulmeister erwähnt. Die Reformation beschränkte sich jedoch nicht auf den rein kirchlichen Raum, sondern auch auf das Schulwesen, was damals ohnehin als Einheit empfunden wurde. Deswegen feiert heute die Hermann-Tast-Schule, schon lange nicht mehr das einzige Gymnasium in Husum, das Jahr 1527 als ihr Gründungsdatum. Zuerst war die Schule in einem Gebäude an der Süderstraße, direkt hinter der Marienkirche, untergebracht, 1586 wurde es erheblich erweitert und umgebaut. Dies Schulhaus blieb bis 1867 für die Gelehrtenschule im Dienst.

1867 wurde dann vom preußischen Staat ein Neubau errichtet, frühere Versuche, der Schule ein neues Gebäude zu geben, waren fehlgeschlagen. Architekt des Neubaus war *J. F. Holm*, der damalige Regierungsbaumeister. Holm gehörte der Hannoverschen Schule an, deren neugotischer Stil vor allem von England beeinflußt wurde. Und so besitzt noch heute Husum in der Gelehrtenschule von 1867 ein hervorragendes Gebäude der Neugotik. Besonders schön die Aula mit ihrer Holzdecke und der Orgel, die von der starken religiösen Ausrichtung des damaligen Unterrichts zeugt.

Das Schulgebäude von 1867 wurde nach dem Zweiten Weltkrieg auch wieder zu klein. Zunächst errichtete man auf dem Gelände des Schulhofes einen Neubau, der aber den neuen Anforderungen auch bald nicht mehr gerecht wurde, so daß ein neues Schulgebäude zu planen war. Es konnte 1974 in den Auwiesen in der Nähe des Hauptbahnhofes bezogen werden. In seinem Vorgängerbau von 1867 entsteht das **Hotel „Altes Gymnasium"**.

Die Liste berühmter Männer, die diese Husumer Schule hervorgebracht hat, ist lang, wobei zu bedenken ist, daß die Gelehrtenschule ihre Schüler nicht nur aus dem Gebiet der Stadt, sondern von der gesamten Westküste und weiteren Teilen Schleswig-Holsteins erhielt.

Schüler der Gelehrtenschule waren nicht nur *Hermann Tast* und viele hundert Jahre später *Theodor Storm*, sondern auch etwa *Hermann Wilhelm von Gerstenberg*, der bekannte Dichter, oder *Ferdinand Tönnies*, der Begründer der deutschen Soziologie, ferner der Schriftsteller *Gustav Frenssen*, der Gehirnforscher *Oskar Vogt* und aus neuerer Zeit *Dietrich Stobbe*, seinerzeit Regierender Bürgermeister von Berlin, um nur einige zu nennen. Der bekannteste Lehrer, der an der Husumer Schule unterrichtete, war *Rudolf Eucken*, der später sich als Philosoph einen Namen machte und den Nobelpreis für Literatur erhielt. Eucken war drei Jahre, von 1867–1869, Lehrer an der Husumer Schule.

An der Marienkirche endet der Rundgang durch die Husumer Altstadt, wobei zunächst der **ZINGEL** ausgelassen wurde, der vom Hafen nach Süden führt. Der Zingel konnte entstehen, als im 15. Jahrhundert der Damm nach Rödemis angelegt wurde. Die Hälfte dieses Dammes gehörte zu Rödemis, die andere Hälfte zu Husum. Bis zur Stadtgrenze wurde dieser Damm mit Häusern bebaut. Als einziges altes Gebäude hat sich dort *Dragseths Gasthof* erhalten, der seit 400 Jahren dieser Aufgabe dient. Ein eindrucksvolles Gebäude am Zingel ist der Sitz des *Nordfriesischen Schiffahrtsmuseums*, das mit seinen hohen Giebeln um 1900 errichtet wurde und früher die Landeszentralbank beherbergte.

Auf der alten Stadtgrenze ändert die Straße plötzlich ihren Namen und heißt Damm. Hier stehen einige Villen aus dem Anfang unseres Jahrhunderts, sie wurden teilweise von reichen Bauern als Alters- oder Wintersitze errichtet, haben diese Funktion aber längst verloren.

Vom Damm führt der Weg zum Bahnhof. Hinter einigen Gebäuden verborgen liegt der erste Husumer **BAHNHOF** auf der Südseite der Poggenburgstraße. Dieses eingeschossige Bahnhofsgebäude wurde zusammen mit der ersten Eisenbahn, die von Flensburg nach Tönning führte, errichtet. Gebaut wurde die Bahn übrigens von Engländern für den Viehexport nach England über die Häfen Tönning und zu einem geringen Teil über Husum. Am 25. Oktober 1854 lief der erste Zug in den Husumer Bahnhof ein. Das Bahnhofsgebäude, das weitgehend erhalten geblieben ist, wurde von keinem geringeren entworfen als *Gottlieb Bindesbøll*. Bindesbøll wurde im Jahre 1800 in der Nähe von Kopenhagen geboren und gilt als einer der bedeutenden Architekten Dänemarks und als Wegbereiter der modernen Architektur. Sein Hauptwerk ist das Thorvaldsen-Museum in der dänischen Hauptstadt. Wert legte Bindesbøll auf farbige Untergliederung des Außenmauerwerks durch unterschiedliche Ziegel und Putzbänder. Damit wollte er einerseits an bedeutende Bauten der dänischen Geschichte anschließen, andererseits aber auch den stren-

tigen Werft lagen. Der Straßenname *„Bracken"* in Rödemis deutet noch auf diese Gebäude.

Ende des vorigen und vor allem zu Beginn unseres Jahrhunderts zogen dann immer mehr Husumer nach Rödemis, so daß sich das alte Bauerndorf bald zu einer Vorstadt entwickelte. In den dreißiger Jahren wurde der Ort dann nach Husum eingemeindet.

Rödemis hat aber immer noch einen Teil seines alten Charakters erhalten können. Kleine Traufenhäuser finden sich in der Wilhelmstraße, größere Bauernhäuser an der Friedrichstraße und am unteren Ende der Beselerstraße.

In dem Hause Beselerstraße/Ecke Wilhelmstraße wuchs der spätere Präsident der Provisorischen Regierung Schleswig-Holsteins, *Wilhelm Hartwig Beseler* auf, sein Bruder Karl Georg wurde hier am 9. 11. 1809 geboren. *Karl Georg Beseler* war einer der Väter der Paulskirchen-Verfassung von 1848 und gehörte zu den bedeutenden Juristen seiner Zeit. Der Vater Cay Hartwig Beseler war 1807 als Deichinspektor nach Rödemis gekommen.

Sehenswert in Rödemis außerdem die *„Poggenburg"*, ein Bauernhaus aus dem 19. Jahrhundert am Anfang der Beselerstraße, ausgewiesen durch zwei Frösche, „Poggen", auf den Torpfeilern, und das Wäldchen von Rödemishof zwischen Friedrichstraße und Lagedeich. Es gehörte ursprünglich zum alten Vogteihof, der jedoch 1904 abbrannte. Heute steht eine moderne Wohnanlage an seiner Stelle.

Nicht versäumen sollte man, sich die *Hörn* anzusehen. Ein kleiner Platz westlich der Wilhelmstraße, der aus zwei Teilen besteht, einem weniger interessanten zur Wilhelmstraße hin und einem zweiten, den man erreicht, wenn man von diesem zwischen zwei Häusern nach Nordwesten geht. Dann öffnet sich plötzlich ein zweiter Platz mit einer anheimelnden Bebauung.

Dieser Rundgang durch Husum sollte mit vielen kleinen Dingen am Weg bekanntmachen, die für sich genommen unwichtig erscheinen mögen. Was bedeutet es schon, wenn an dieser oder jener Stelle der Süderstraße ein Pastorat lag, wenn in einem Gebäude des Osterendes noch ein alter Kerker vorhanden ist oder ein Giebelhaus im Westerende das alte Seegericht aufnahm? In ihrer Gesamtheit gesehen geben alle diese Kleinigkeiten einen Eindruck vom Leben und Treiben einer alten, aber auch wieder sehr lebendigen Stadt. Der Gang durch die Straßen und Gassen Husums kann deswegen eine kleine Entdeckungsreise werden in unser aller Vergangenheit, eine Reise, die nur noch in wenigen Städten Deutschlands so möglich ist. Die meisten sind entweder durch den Zweiten Weltkrieg oder aber durch die rücksichtslose Bautätigkeit der Zeit seither zerstört oder entstellt, viele sind geschichts- und gesichtslos geworden.

EINZELNE SEHENSWÜRDIGKEITEN
UND ÖFFENTLICHE EINRICHTUNGEN

KIRCHEN

Ev. Sankt-Marien-Kirche
am Markt

1436 wurde die erste Kapelle zwischen den Dörfern Wester- und Osterhusum errichtet. Dieser Bau erhielt bereits 1470 bis 1474 eine Verlängerung um das sogenannte niedrige Gewölbe nach Westen, wodurch eine vier- bis fünfjochige Halle entstand. 1495 kam ein weiteres Joch nach Westen hinzu, daran schloß sich der Turm an, der 1506/07 einen hohen und spitzen Turm, den höchsten im Lande, erhielt.

Schließlich dokumentierte sich 1510, also nur ein Jahrzehnt vor der Reformation, erneut der Bauwille der aufblühenden Stadt, die mit ihrem Kirchenbau als wichtigstem öffentlichen Gebäude Macht und Bedeutung darstellen wollte. An die dreischiffige Halle (alle drei Schiffe waren etwa gleich hoch) wurde ein gewaltiger Chorbau angeschlossen. Waren die mittleren Gewölbe im Schiff etwa 12 Meter hoch, so erreichten sie im Chor eine Höhe von 22 Metern, sie hatten also fast die doppelte Höhe. Dadurch wurde ein eigenartiger Raumeindruck hervorgerufen, die Gläubigen im Kirchenschiff konnten den Schlußstein im Chorgewölbe, das außerdem durch die riesigen Ostfenster wesentlich heller war, nicht erkennen. Dadurch muß dem Chor etwas Geheimnisvolles, aber auch Verheißungsvolles angehaftet haben, sollte er doch das himmlische Jerusalem symbolisieren.

So reich das Raumerlebnis im Innern durch die Architektur des Baus gewesen sein muß, es erhielt seine Steigerung durch die Ausstattung. Bis ins Gewölbe des

C. F. Hansens neue Marienkirche am Markt (1829–1832)

Hohen Chores stieg das hölzerne Sakramentshaus *Hans Brüggemanns* auf, von dem heute nur noch bescheidene Reste – und die auch nicht in Husum – übriggeblieben sind. Im südlichen Schiff des Chores stand das Standbild des Ritters Sankt Jürgen, ebenfalls ein Meisterwerk Hans Brüggemanns, heute im dänischen Nationalmuseum Kopenhagen.

Das Leben und die Herkunft dieses bedeutenden norddeutschen Bildhauers der Spätgotik blieben bis heute unbekannt, es ist lediglich nachgewiesen, daß er zu Beginn des 16. Jahrhunderts in Husum gewirkt hat. Sein Hauptwerk wurde der Bordesholmer Altar, den er ursprünglich für die Klosterkirche von Bordesholm schuf, der sich aber heute im Schleswiger Dom befindet. Nach der Reformation waren die Arbeiten Brüggemanns nicht mehr gefragt, und es erscheint durchaus wahrscheinlich, daß er in Husum – der Überlieferung nach in Armut – gestorben ist und auf dem Sankt-Jürgen-Friedhof beigesetzt wurde, wie der Staatsmann und Humanist Heinrich Rantzau in seiner Beschreibung Schleswig-Holsteins etliche Jahrzehnte später berichtet.

Die Brüggemann-Forschung schließt jedoch aus der Erwähnung des gleichen Namens in einem Kontrakt zwischen diesem Meister, der als aus Walsrode gebürtig bezeichnet wird, und der Stadt über die Errichtung eines Altars, daß Brüggemann aus dieser niedersächsischen Stadt kam und dorthin auch wieder zurückgegangen sei. Da dieser Walsroder Altar jedoch nicht erhalten geblieben ist, bleibt die Frage nach der Herkunft und dem Ende Brüggemanns offen, denn dieser Name war damals durchaus keine Seltenheit, und beide Meister müssen nicht identisch sein.

Zur mittelalterlichen Ausstattung der Husumer Marienkirche gehörte auch ein großer mehrflügeliger Altar, der heute in der Schwabstedter Kirche steht.

Hans Brüggemann, Engel mit der Laute, aus dem Sakramentshaus der alten Marienkirche, heute in Berlin (Museum Dahlem)

Viele Ausstattungsgegenstände kamen in der Renaissance und der Barockzeit hinzu. Durch alte Iventarlisten wissen wir verhältnismäßig gut über die Epitaphien, über das Gestühl, die Orgeln, die Kanzel und den lettnerartig zwischen Chor und Schiff errichteten „Schülerchor" Bescheid. Die Bürger und der fürstliche Hof arbeiteten zusammen, um die Husumer Kirche immer prächtiger auszuschmücken.

Die Geschichte des Abbruchs der Marienkirche gehört zu den Tragödien der Stadt Husum. Vermutlich war die Kirche nicht genügend fundamentiert, wie dies häufiger bei mittelalterlichen Kirchen der Fall ist. Bereits Mitte des 18. Jahrhunderts konnten laufend Verfallserscheinungen an dem Bauwerk beobachtet werden. Schließlich mußte eine Entscheidung über die Zukunft der Kirche getroffen werden.

1807 war der Turm allmählich so baufällig geworden, daß das Gottorfer Obergericht dessen Abbruch verfügte, da Menschenleben in Gefahr schienen, die Husumer selbst hatten sich nicht über die nötigen Maßnahmen einigen können. Ein Flensburger Gutachter stellte schließlich fest, daß jeder Taler für die Reparatur der Kirche weggeworfenes Geld sei. Ein weiteres Gutachten überzeugte dann den Magistrat der Stadt von der Notwendigkeit eines Abbruchs.

Der ehrwürdige domartige Bau wurde also im Jahre 1807 abgebrochen und der größte Teil der Einrichtung auf einer Auktion verschleudert. In die neue Kirche wurden lediglich das Taufbecken, die Glocken und einige Pastorenbilder übernommen, auch das wertvolle Abendmahlsgerät blieb erhalten.

Die **neue Sankt-Marien-Kirche** wurde von dem dänischen Staatsbaumeister *Christian Friedrich Hansen* entworfen. Hansens Eltern kamen aus Husum, er selbst wurde in Kopenhagen geboren.

Nach seiner Ausbildung war Hansen zunächst als staatlicher Baumeister in Holstein tätig, die Bauten an der Altonaer Palmaille stammen von ihm, außerdem einige der Landhäuser der Elbchaussee. Später wurde Hansen nach Kopenhagen berufen. Dort baute er das durch Brand vernichtete Schloß Christiansborg wieder auf, weitere berühmte Gebäude von Hansen sind die Domkirche und das Gericht der dänischen Hauptstadt. Hansen gilt als der führende Klassizist Nordeuropas.

Die Bedeutung der Husumer Marienkirche liegt darin, daß in ihr Hansens Vorstellung einer protestantischen Predigtkirche für die städtische Gemeinde einen gültigen Ausdruck gefunden hat, ein Kirchentyp, den Hansen für den Klassizismus erst neu entwickeln mußte, während er für andere Kirchenbau-Aufgaben, wie Dom- oder Hofkirche, auf Vorbilder zurückgreifen konnte.

Hansen bedient sich für seine Husumer Kirche nicht nur der Architektursprache seiner Zeit, deren prominenter Vertreter er war, sondern auch der Symbolik. Dadurch spricht das Bauwerk seine eigene Sprache und dient selbst der Verkündigung. Diese Sprache gilt es für den heutigen Betrachter zu entschlüsseln:

Der Gläubige betritt die Kirche, das „Haus Gottes" – so stand es früher auch über dem Eingang geschrieben – durch ein Portal, das von dorischen Pilastern flankiert wird. Gerufen wird er durch die Glocken, die in dem von einer Kuppel und dem Kreuz bekrönten Turm hängen, der in seinen Formen an einen Leuchtturm erinnern soll. Ein ausdrucksstarkes Symbol besonders in einer Hafenstadt.

Wie ein großes Haus, gleichsam eine Art Herrenhaus, wirkt der gesamte Außenbau mit seinen, damals stark kritisierten, zwei Reihen Fenstern. Um so überraschender das Innere: Der Raum fluchtet, unterstrichen durch die Reihe der dorischen Säulen, die zu beiden Seiten jeweils eine mächtige Empore tragen, nach vorn, hin zu einem weiteren Portal, das die gleichen Formen aufweist wie auch das Außenportal, jedoch haben kannelierte Pilaster mit ionischen Kapitellen die dorischen an der Westfassade abgelöst. Ganz deutlich wird hier eine Steigerung in der Formsprache vorgenommen, so als ob dieses Portal im Innern der Kirche in einen weiteren, noch festlicheren Saal führen würde. In der Reihenfolge vom Markt als der alltäglichen Welt des menschlichen

Lebens zum feierlichen Haus Gottes in Form der Kirche wäre hinter diesem Portal das Reich Gottes selbst zu denken, der Kirchenraum wäre dann ein Vorhof zu diesem Reich, deswegen finden sich auch Sterne am Deckenspiegel, die eine Öffnung nach oben andeuten sollen. Da der Mensch, solange er auf Erden lebt, den Sitz der Gottheit selbst aber vielleicht erahnen, jedoch nicht sehen kann, ist dieses Portal folgerichtig verschlossen und zugemauert. Jedoch hat dort die Kanzel als Ort der Verkündigung des Wortes Gottes ihren Platz, und auch der Altar steht vor diesem Portal.

Die dritte Säulenordnung in der Steigerungsreihe, dorisch – ionisch – korinthisch, die korinthische Säule, kann nicht dargestellt werden, da ihr Platz in dem Raum hinter dem Portal wäre. Sie ist aber ebenfalls angedeutet, und zwar an den „Hauptstücken" der Ausstattung. An der Kanzel und auf den Altarleuchtern findet sich das Akanthusblatt der korinthischen Säule als Dekorationselement. Diese „Hauptstücke" werden damit gleichzeitig aus ihrer „irdischen" Umgebung herausgenommen und dem Bereich, der hinter dem Portal zu denken wäre, zugeordnet.

Auch wenn der Innenraum der Kirche mit dem Portal an der Ostwand verschlossen ist, wirft das Ostfenster durch die offene Lünette über Altar und Kanzel doch ein verheißungsvolles und tröstliches Licht in den Kirchenraum und damit in die Welt. Auf der „Schnittstelle" zwischen dem Kirchenraum und dem „Raum dahinter" befindet sich über dem Giebelfeld des Portals das Kreuz, und zwar in derselben Form und an ähnlich hervorragendem Platz wie auf dem Kirchturm.

Überhaupt entsprechen sich außen und innen: die Säulen aus scheinbarem Granit innen haben ihre Parallele außen in den Granit-Pollern, die den Kirchenbereich umzäunen, die dorischen Kapitelle der Säulen im Kirchenraum haben außen ihr Echo in dem dorischen Motiv der Rustikagliederung des Mauerwerks. Befindet sich über dem äußeren Portal eine halbrunde Öffnung, so finden wir diese innen in der Lünette über dem Ostportal mit Kanzel und Altar wieder.

Und während außen hinter dem Halbrund die Glocken hängen und so das Ohr des Kirchenbesuchers erreichen, dürfte es innen der Chor gewesen sein, der wahrscheinlich seinen Platz – unsichtbar für die Gemeinde – in dem Raum seitlich hinter der Lünette haben sollte (tatsächlich wurde später eine Orgel in die Lünette eingebaut, die allerdings später wieder entfernt wurde).

Die ausgeklügelte Symbolik, in der die Geisteshaltung der Aufklärung deutlich zum Ausdruck kommt, sowie die reine und kompromißlose Formensprache des Klassizismus mit Elementen der sogenannten Revolutionsarchitektur machen den Bau zu einem Baudenkmal von hohem Rang.

Die Wirkung der Kirche im Stadtbild wird durch den 1992 neu gestalteten Marktplatz erheblich unterstrichen. Deutlich wird jetzt die östliche Fläche des Platzes als Vorraum der Kirche zugeordnet, die dadurch an Würde und Ausdruck gewonnen hat. Durch die Stufen an der Südseite wurde die Fläche annähernd in die Waagerechte gebracht, während der Halbkreis der Kirchenmauern auf den Eingang zuführt und mit einer einladenden Geste die Menschen auf dem Platz umfängt.

An alten Ausstellungsstücken befindet sich in der neuen Kirche noch das bereits erwähnte *Taufbecken*, eine hervorragende Arbeit Husumer Meister aus dem Jahre 1643. Die vier Evangelisten tragen das eigentliche Taufbecken auf ihren Schultern, Apostelfiguren gruppieren sich um die Kuppa, dazwischen Reliefs.

Neben dem Haupteingang hängen zwei Epitahien.

Eines für den Reformator der Stadt, Hermann Tast, allerdings eine nachempfundene Arbeit aus dem Beginn unseres Jahrhunderts, und das Epitaph für den *Pastor Bokelmann,* der 1576 starb und sich nicht scheute, auch einmal seinem Herzog die „Leviten zu lesen", als dieser aus einem Feldzug gegen die Protestanten (!) unter Herzog Alba nach Husum zurückgekehrt war. Der Rahmen des Bildnisses ist eine Arbeit des Husumer Meisters Jan van Groningen. Ein weiteres Bild stellt den Husumer *Pastor Holmer* dar und stammt aus dem Jahre 1685, besonders ansprechend der schwarze Rahmen mit den beiden Engelskindern und dem reichen Schnitzwerk. Das vierte Bild schließlich wurde 1743 gemalt und zeigt den Konsistorialrat *Krafft*, der durch seine Husumer Kirchengeschichte einen wichtigen Beitrag zur Kenntnis der Vergangenheit unserer Stadt leistete.

Ev. Sankt-Jürgen-Kirche (Klosterkirche)
Osterende

Die älteste noch bestehende Husumer Kirche ist die Sankt-Jürgen-Kirche, doch wird man sie vergebens suchen, wenn man in ihr – wie üblich – ein alleinstehendes Gebäude vermutet. Die Sankt-Jürgen-Kirche ist heute Bestandteil des Klosters, oder wie es offiziell heißt, des „Gasthauses zum Ritter Sankt Jürgen" im Osterende.

Tatsächlich wurde die Klosterkirche – so wird sie heute allgemein genannt – als freistehende Gemeindekirche errichtet. Eine Urkunde aus dem Jahre 1563 ist bekannt, danach wurde in diesem Jahre das Gebäude der **„Nyven Karken binnen Husum tho St. Jürgen"** begonnen. Die Bürger Husums, aber auch anderer Städte, hatten zu diesem Bauwerk Geld oder Materialien, unter anderem zwei große Leuchter aus Schweden, gestiftet.

Die Sankt-Jürgen-Kirche ist ein kunstgeschichtlich interessantes Bauwerk. Im Gegensatz zu den meisten anderen Kirchen war sie nicht nach Osten ausgerichtet, sondern wurde in Nord-Süd-Richtung gebaut. Eine Empore verlief an der Ostwand, daraus kann geschlossen werden, daß sich gegenüber in der Mitte der Westwand zwischen den Fenstern die Kanzel befand. Es war also ein ziemlich kompromißlos protestantisches Bauwerk, das da 1563 von den Husumern errichtet wurde. Gleichzeitig kann diese Kirche für sich in Anspruch nehmen, eine der ältesten evangelischen Kirchen überhaupt zu sein, die nach der Reformation neu errichtet wurden.

Als einige Jahre nach Errichtung der neuen Kirche von Sankt Jürgen, so hieß dieser Stadtteil damals, der Herzog daran dachte, in Husum ein Schloß zu errichten, mußte er zunächst einmal darangehen, für die Bewohner des Klosters Ersatz zu schaffen. Er tat dies, indem er einfach an die neue Sankt-Jürgen-Kirche nach Norden und Süden gleich hohe Gebäude anbaute, die Wohnräume für die Klosterinsassen aufnahmen.

Aus der Gemeindekirche wurde so eine Kapelle für das Gasthaus. Dafür war der fast 21 Meter lange Raum jedoch zu groß, so daß ein Teil für Wohnzwecke abgeteilt wurde. Die Gründe, die den Herzog veranlaßten, die neue Kirche auf diese Weise zu konfiszieren, sind unbekannt geblieben. Die Klosterinsassen brachten bei dem Umzug in das neue Gebäude übrigens einen Teil der Ausstattung ihrer alten Klosterkirche mit. Noch heute ruft eine Glocke aus dem Jahre 1507 zum Gottesdienst, ihr Name ist Franziskus, denn es handelte sich bei dem Kloster an der Stelle des heutigen Schlosses um ein Franziskanerkloster. Über dem heutigen Altar der Klosterkirche hängt zudem ein Kruzifix, dessen Korpus aus der Gotik und ebenfalls aus dem alten Kloster stammt.

Der Altaraufsatz stammt aus dem Jahre 1641. Das Gemälde stellt eine Abendmahlsszene dar und wurde von dem Husumer Meister *Dietrich Witt* geschaffen. Die Kanzel dagegen ist wesentlich älter. Ihr Meister war der Husumer Bildhauer *Jan van Groningen*. Das Renaissanceportal, das sich heute neben dem Altar befindet, gehörte zur Kanzel ebenso wie ein verlorengegangener Schalldeckel. Die Kanzel schuf Groningen in den fünfziger Jahren des 16. Jahrhunderts. Die lateinische Inschift im Fries lautet: Tuet Buße, denn das Himmelreich ist nahe herbeigekommen.

Sehenswert sind die Pastorenbilder an der Ostwand des Kirchenschiffes, die allegorische Darstellung des Christentums zwischen Kanzel und Altar sowie das Gemälde über der alten Kanzeltür, das die Auferstehung darstellt.

Das Auferstehungsgemälde, das Teil eines alten Epitaphs ist, da im unteren Teil die Stifterfamilie dargestellt ist, wurde Ende des 16. Jahrhunderts geschaffen, während die allegorische Darstellung des Christentums 1732 von *J. C. Ayerschettel* gemalt wurde. Von diesem Maler stammten auch ein Teil der Pastorenbilder, die von erheblicher Qualität sind. Diese Bilder hingen früher in der alten Marienkirche, auf deren Altar auch die großen Altarleuchter der Klosterkirche standen.

Neben dem Eingang zur Kirche hängt ein bemaltes Brett, das bei Umbauarbeiten gefunden wurde und das ein Beispiel für die alte Ausmalung der Kirche ist. Sehenswert ist auch ein Glasfenster unter der Empore. Auf dessen kleinen Scheiben sind die Namen von Speisemeistern aufgemalt, die der Verwaltung des Klosters vorstanden.

Im Vorraum zur Kirche steht eine Relief-Plastik, die Moses mit den Gesetzestafeln darstellt, sie ist ein weiterer Rest aus der alten Husumer Marienkirche und dürfte aus der Zeit um 1500 stammen. Nach dem Abbruch der Kirche fanden die Materialien vielfache Verwendung. So wurde diese Plastik in mehrere gleiche Teile zerschlagen und die Unterseiten als Platten für einen Gartenweg benutzt... Bei dem Lutherbild, das ebenfalls im Kirchenvorraum hängt, handelt es sich um ein Bleirelief aus dem Jahre 1817.

Ev. Christuskirche
Ostfriedhof

Die evangelische Christuskirche ging aus der Friedhofskapelle des Ostfriedhofs hervor. Es handelt sich um einen neugotischen Bau aus dem Ende des vorigen Jahrhunderts. Im Innern ein Auferstehungsbild des Husumers *Friedrich Thomsen* (1842–1906). Es ist um 1870 entstanden.

Kanzel, Altar und Triumphkreuz sind Werke des Husumer Bildhauers *Gustav Kiehne*, der sie um 1952 schuf, als die Friedhofskapelle zur Kirche umgebaut wurde.

Ev. Versöhnungskirche
Hermann-Tast-Straße

Als Husum nach dem Zweiten Weltkrieg wieder Garnisonstadt wurde, mußte an den Bau neuer Stadtviertel gegangen werden. In den sechziger Jahren entstand das Gebiet Husum-Nord, in dessen Mitte 1966–1968 die Versöhnungskirche errichtet wurde. Der Bau atmet ganz den Geist des großen Kirchenbaumeisters der Nachkriegszeit *Otto Bartning*.

Bartning forderte für die Kirchenbauten seiner Zeit durch Glas aufgebrochene Wände, ein nicht lastendes Dach, ein dynamisches Aufschwingen der Räume nach oben. Architekt der Versöhnungskirche war der Husumer *Hans Jochem Feddersen.*

Weitere Kirchen

Die Bauentwicklung nach dem Zweiten Weltkrieg machte den Bau weiterer evangelischer Kirchen notwendig. Die **Friedenskirche** entstand aus einer umgebauten Schule an der Schobüller Straße, und auch Rödemis erhielt im **Albert-Schweitzer-Haus** sein kirchliches Zentrum. Ein kleiner mit Kupfer verkleideter Glockenturm hat aus dem Gebäude 1989 eine richtige Kirche für diesen auf Eigenständigkeit bedachten Stadtteil gemacht, der damit sein architektonisches Zentrum erhielt.

Durch den Aufschwung der Stadt zu Ende des 19. Jahrhunderts kamen allmählich auch in größerer Zahl katholische Christen nach Husum. Bereits vor dem Zweiten Weltkrieg war ihre Zahl so groß geworden, daß sie eine eigene Kirche in der Woldsenstraße benötigten. Heute ist die **katholische Christus-König-Kirche** Pfarrkirche für ein großes Gebiet des südlichen Nordfrieslands. Sie wurde 1935 errichtet.

Seit dem Jahre 1991 besitzt die **dänische ev.-lutherische Gemeinde** in der Klaus-Groth-Straße ein eigenes Gotteshaus. Der eigenwillige Baukörper nimmt mit seinem sichtbaren Ziegelmauerwerk und den schwarz glasierten Pfannen Formen traditioneller nordischer Bauweise auf und knüpft damit bewußt an die überkommene heimische Architektur an, ohne die Herkunft aus dem Ende des 20. Jahrhunderts zu leugnen. Entworfen wurde das Gebäude von dem dänischen

Entworfen wurde das Gebäude von dem dänischen Architekten Allan Havsteen-Mikkelsen, einem Nachfahren C. F. Hansens. Das ausdrucksvolle Altartriptychon, Jesus auf dem See Genezareth, wurde von Zacharias Heinesen gemalt, einem Künstler, der von den Färöer-Inseln stammt. Eine Besonderheit stellt auch die Orgel dar. Sie stammt aus der Werkstatt der Orgelbaufirma Anders Rasmussen in Bramming und nimmt die Tradition der Schloßorgel von Frederiksborg auf, die sich durch die Verwendung vieler Holzpfeifen auszeichnet. Vor dem Betreten und Verlassen der Kirche fällt das Glasbild über dem Eingang auf. Es stellt den segnenden Christus vom großen Runenstein von Jelling dar. Dieser Stein gilt als der „Taufstein" Dänemarks. Er wurde 940 von Harald Blauzahn errichtet, von „Harald, der ganz Dänemark und Norwegen gewann und die Dänen zu Christen machte". Schöpfer des Husumer Glasbildes war der Vater des Architekten Sven Havsteen-Mikkelsen. – Der „A. P. Møller og hustru Chastine McKinney Møllers Fond til almene formaal" ermöglichte den Bau der dänischen Kirche in Husum. Das Altar-Kreuz ist eine Stiftung von Königinmutter Ingrid von Dänemark und wurde ebenfalls von Sven Havsteen-Mikkelsen nach den Vorstellungen der Stifterin entworfen.

In der Vogtstraße liegt die **Neuapostolische Kirche** und in der Volquart-Pauls-Straße besitzt die Evangelisch-Freikirchliche Gemeinde (Baptisten) ihre **Auferstehungskirche**. In der Süderstraße befindet sich der Kirchensaal der Freien Christengemeinde (Pfingstbewegung), und die Zeugen Jehovas haben ihren Königreichsaal in der Mildstedter Landstraße 43.

DAS GASTHAUS ZUM RITTER SANKT JÜRGEN
(Kloster)
Osterende

Mit seinen beiden neugotischen Giebeln bestimmt das
„Gasthaus zum Ritter Sankt Jürgen" das Straßenbild im
Osterende. Dieses Altenstift ist die älteste weltliche Einrichtung in Husum. Vermutlich wurde es in der ersten
Hälfte des 15. Jahrhunderts von Adolf VIII. von Schleswig-Holstein gegründet, zusammen mit ähnlichen Ein-
richtungen dieser Art in anderen Städten der Herzogtümer.

In einer Urkunde aus dem Jahre 1465 bestätigt König
Christian I. die Abgabenfreiheit der Güter, die zu „Sankt
Jürgen" binnen Husum gehörten, wie dies sein „Ohem
Hartogh Alff" zuvor auch getan hatte. In dieser Urkunde
wird das Gebiet genau beschrieben; es gehörten dazu die
Häuser, Wohnungen und Kohlgärten mit allem Zubehör
im Süden der Kirche und im Westen bis zur Querstraße
und im Norden bis an die gemeine Heerstraße. Bedin-
gung für die Abgabenfreiheit sollte sein, daß dort niemand außer Priestern und „arme lame gebrechliche sie-
chen" wohnen sollten. Daraus wird deutlich, daß es sich
um einen ausgedehnten Komplex vermutlich sehr bescheidener Häuser gehandelt hat mit einer Kirche in der
Nähe.

Die Einrichtung solcher Siechenhäuser und Hospitä-
ler wurde im ausgehenden Mittelalter zu einer immer
größeren Notwendigkeit, da Seuchen, vor allem die Pest,
sich ausbreiteten. Außerhalb der Siedlungsgebiete mußte deswegen eine Unterkunft bereitgestellt werden, um
die Ansteckungsgefahr zu dämmen.

Die Einrichtung des Siechenhospitals in Husum über-
stand die Reformation, im Gegensatz zu dem Franziskanerkloster, das auf dem Platz des heutigen Schlosses

stand. Da nach dem Verlassen der letzten Mönche das Kloster im Norden der Stadt leergeworden war, überließ durch Urkunden vom „Freitag nach Invocavit" 1537 Christian III. das „lange Haus mit dem Chor daselbst" dem Gasthaus. Die Armen und Kranken zogen aus ihren Unterkünften am Osterende in das Kloster nördlich der Stadt um. Dort blieben sie, bis Herzog Adolf von Gottorf den Entschluß faßte, an der Stelle des Klosters ein Schloß zu errichten. Zum Kloster gehörte ein umfangreicher Baumgarten, so daß sich das Gelände zum Bau eines Schlosses durchaus anbot. Bevor dieser Plan aber ausgeführt wurde, mußte zunächst für die Unterbringung der Armen und Kranken gesorgt werden, die im Kloster wohnten.

Der Herzog entschloß sich, das Gasthaus in das alte Sankt-Jürgen-Viertel zurückzuverlegen. An die bereits vorher entstandene Sankt-Jürgen-Kirche wurde nördlich und südlich ein gleich hoher Anbau errichtet, so daß der Kirchenbau äußerlich völlig im Neubau des Gasthauses aufging.

1571 sollen die Klosterinsassen in den Neubau umgezogen sein. Sie nahmen nicht nur alte Einrichtungsgegenstände mit, von denen zwei noch erhalten sind, das **spätgotische Kruzifix** in der Kirche und die **Glocke**, sondern auch den Namen, denn noch heute heißt das Gasthaus zum Ritter Sankt Jürgen im allgemeinen „Kloster", obwohl es nie ein Kloster war.

Zum Bau des neuen Gasthauses kaufte der Herzog Grund und Boden hinzu, so daß zum Osterende ein Doppelgiebelhaus entstehen konnte. Der rechte Giebel nahm in seinem oberen Teil eine Glocke auf, während eine zweite Glocke in einem Dachreiter hing. 1658 wurde dann aber auf dem Kirchhof ein Glockenhaus gebaut, ein hölzerner Glockenturm, wie man sie häufig an der Westküste findet. Möglicherweise war die Baufälligkeit des

Giebels Anlaß für diesen Neubau, der wohl den Schwingungen der Glocke nicht standgehalten hatte. 1665 bis 1666 wurde dieser Giebel abgebrochen und völlig neu wieder aufgebaut.

Alte Abbildungen aus dem 19. Jahrhundert zeigen die beiden Giebel, von denen der rechte erneut baufällig geworden war. 1878 entschloß man sich zu einem Neubau des gesamten Vorderhauses. Architekt war der Kieler Stadtbaurat Schweizer. 16500 Mark sollte das Bauvorhaben kosten, tatsächlich mußten jedoch 46156,23 Mark bereitgestellt werden. Die Einteilung der alten Giebel wurde fast unverändert übernommen, jedoch wurde ein anderer Stil gewählt. Der Bau ist in den aufwendigen Formen der **märkischen Gotik** ausgeführt worden. Über dem Eingang brachte man schließlich ein Relief des Ritters Sankt Jürgen an, der den Drachen tötet. Die Halbplastik wurde von dem Kieler Bildhauer *Müllenhof* geschaffen.

Bereits zur Zeit der Erbauung wurde der Neubau wegen der drastischen Überschreitung der Kostenanschläge kritisiert, später aus stilistischen Gründen abgelehnt, wie man ja generell der Gründerzeit kritisch gegenüberstand.

Glücklicherweise ist jedoch die Fassade des Gasthauses bis heute gänzlich unverändert erhalten geblieben, sie wurde nicht wie so viele andere der Gründerzeit „bereinigt". Dadurch ist die Front des Klosters zu einem hervorragenden Beispiel für die Baukunst der Jahre nach 1870/71 geworden. In ihr drückt sich durchaus etwas von der typischen Prunkliebe und dem Streben nach Endgültigem, Perfektem einer Zeit aus, die sich als einzigartig auffaßte. Trotzdem schimmert aber hinter dieser Folie immer noch etwas von der Gemütlichkeit des Biedermeiers hindurch, das nachhaltig auch das bürgerliche Leben in Husum bestimmt hatte. Gänzlich nimmt den

Besucher diese Atmosphäre gefangen, wenn er durch den Torbogen hindurch in den Innenhof des Klosters gelangt. Die Beschaulichkeit und Ruhe, die von diesem Hof ausgeht, wird auch nicht durch die modernen Anbauten des Klosters aus den fünfziger und den frühen siebziger Jahren unseres Jahrhunderts gestört.

Biedermeierlich wirkt auch heute noch das Innere des Gebäudes, mit seinen Sälen und Festräumen im Vorderteil, die sich durch eine erlesene Einrichtung aus dem frühen 19. Jahrhundert auszeichnen. Besonders ansprechend ist der **große Saal** im ersten Stock. In ihm hängt ein Bild Herzog Adolfs von Gottorf, das von dem Husumer Hofmaler *Umbhöfer* Anfang des 17. Jahrhunderts gemalt wurde. In diesem Saal tagt das Verwaltungsgremium des Klosters. Früher kam hier häufiger auch der Magistrat der Stadt zusammen, da dem Alten Rathaus Sitzungssäle fehlten. Damit kam dem Kloster ein wenig wieder die Funktion zu, die es bereits vor dem Bau des Alten Rathauses hatte, damals traten die „städtischen Gremien" dort ebenfalls zusammen.

Das Gasthaus Sankt Jürgen stellt aber nicht nur eine exemplarische Einrichtung der Sozialfürsorge in früheren Jahrhunderten dar, sondern ist auch ein Beispiel für die bürgerliche Selbstverwaltung, die hier über eine alte Tradition verfügt.

Die Geschäfte des Gasthauses besorgt der Gasthausvorstand, der auch das Kloster nach außen vertritt. Der Vorstand besteht aus vier Mitgliedern, die auf jeweils acht Jahre gewählt werden, danach scheiden sie aus diesem Amt aus. Alle zwei Jahre wird ein neuer Klostervorsteher gewählt und einer verläßt das Gremium. Nach zwei Jahren Mitgliedschaft im Vorstand wird der Klostervorsteher Speisemeister, der die laufenden Geschäfte tätigt. Die Frau „Speisemeisterin" übernimmt die Aufgaben der „Hausfrau" für das Kloster, wie es in der

Marienkirche
Der Marktplatz als Zentrum der Stadt wird von der klassizistischen Marienkirche, erbaut in den Jahren 1828 bis 1832, und von dem Marktbrunnen von 1902 mit der volkstümlichen Figur der „Tine" beherrscht, Husums „Stadtgöttin" in Holzpantinen.

Klosterkirche

Heute ist die Klosterkirche die älteste Kirche in Husum.
Sie wurde bereits im Jahre 1563 als Gemeindekirche für
den damaligen Stadtteil St. Jürgen errichtet und ist damit
eine der ältesten protestantischen Gemeindekirchen. Spä-
ter wurde sie als Kapelle für das „Gasthaus St. Jürgen"
genutzt. Bemerkenswert sind die vielen alten Kunst-
schätze.

Kamin im Schloß

*Das Husumer Schloß ist für seine Kamine berühmt. Der
„Todeskampf-Kamin" im Rittersaal kam erst vor einigen
Jahren wieder zurück nach Husum. Als Replik des Ori-
ginals, das sich in Berlin befindet, vervollständigt er die
Reihe der jetzt sieben prachtvollen Kamine aus der Zeit
des frühen 17. Jahrhunderts.*

Storm-Grab

Ein Muß für jeden Husum Besucher ist das Grab Theodor Storms auf dem Klosterfriedhof im Osterende. Dort ist aber nicht nur der Dichter begraben, sondern auch viele seiner Vorfahren und Verwandten, es handelt sich um eine Familiengruft aus dem frühen 19. Jahrhundert.

Satzung heißt. Nach zwei Jahren scheidet der Speisemeister aus diesem Amt aus, bleibt aber noch vier Jahre Mitglied des Vorstandes. Eine engere Gasthausversammlung, der zwei Mitglieder des Magistrats, der Bürgermeister, aber auch der Propst und ein weiterer Pastor, der Klosterprediger, als „geistliches Ministerium" angehören, entscheidet hauptsächlich über Neuaufnahmen.

Die erweiterte Gasthausversammlung prüft schließlich die Rechnungen des Klosters. Ihr gehören der gesamte Magistrat, der Bürgervorsteher und der Rechnungsführer der Burchardistiftung an. Die erweiterte Gasthausversammlung wählt auch alle zwei Jahre den neuen Klostervorsteher. Die Sitzungen der Gasthausversammlung sind dabei mit einem altehrwürdigen Zeremoniell verbunden.

So wird die Wahl zum neuen Klostervorsteher diesem am Morgen des ersten Tages der großen Klosterrechnung durch einen von einem Boten überbrachten Brief voller barocker Redewendungen mitgeteilt. Am Abend des nächsten Tages holt eine Abordnung den neuen Klostervorsteher nochmals mit Musik und der Klosterlaterne von seiner Wohnung zum Kloster feierlich ein. Diese Tradition wird bereits in einer Husumer Chronik aus dem Jahre 1854 (Beccau) beschrieben, in ihr heißt es, daß der Klostervorsteher abgeholt wird „. . . mit einem alterthümlichen Leuchter oder Laterne, die bereits dreihundert Jahre alt sein soll und nur zu diesem Zwecke benutzt wird".

Am ersten Tage der Klosterrechnung erfolgt schließlich die eigentliche Rechnungslegung. Die Tradition erfordert es, daß sämtliche Herren im dunklen Anzug mit Zylinder erscheinen müssen, und wer rauchen will, darf dies nur aus langen holländischen Tonpfeifen tun.

Die Klosterrechnung findet ihren Abschluß in einer festlichen Gesellschaft, zu der auch die Ehepartner der Teilnehmer eingeladen sind. Bei der Tafel sitzt man nach Geschlechtern getrennt, lediglich zwei Herren haben ihren Platz am Damentisch, es sind die sogenannten Paradiesherren. Die ausgeschiedenen Klostervorsteher haben nämlich noch vier Jahre lang das Recht, an dem Abschlußfest der Klosterrechnung teilzunehmen, sie sitzen dann bei den Damen im „Paradies".

Der Vorteil des seit Jahrhunderten bestehenden Verwaltungssystems liegt einmal darin, daß keiner der Klostervorsteher persönliche Macht ansammeln kann, da er automatisch nach einer Weile wieder aus dem Amt ausscheidet. Gleichzeitig aber wird eine wünschenswerte Verbindung zwischen Stadt und Kloster erreicht, das eine selbständige Rechtspersönlichkeit darstellt. Seine wirtschaftliche Bedeutung ist im übrigen nicht gering, denn es verfügt über einen nicht unbeträchtlichen Landbesitz, außerdem gehört ein Rentnerheim in einem Neubauviertel zum Kloster.

Die Beteiligung der Bürger an der Verwaltung des Klosters, aber auch eine frühe Einsicht in die Notwendigkeit der Eigenhilfe innerhalb der städtischen Gemeinschaft zur Beseitigung von Not und Mißständen haben immer zu einem starken Engagement der Husumer für „ihr" Kloster geführt. Immer wieder wurde das Vermögen der Einrichtung durch Spenden vergrößert. Nur so konnte das Gasthaus die Zeitläufe unbeschadet überdauern.

Bereits den Kindern wurde früher eindrucksvoll das Kloster als wohltätige Institution nahegebracht. Bei der großen Klosterrechnung, die alle zwei Jahre stattfindet, wurden nach der Wahl des neuen Klostervorstehers den auf der Straße wartenden Kindern von den „Klosterhexen", Töchter Husumer Bürger, die die Herren – und neuerdings natürlich auch Damen – der erweiterten Klosterversammlung bedienen und allerlei Schabernack mit ihnen betreiben dürfen, Kringel zugeworfen, die extra für diese Gelegenheit gebacken wurden. Da dieser Brauch nicht mehr „zeitgemäß" erschien, wurde er in den siebziger Jahren abgeschafft, in leicht veränderter Form jetzt aber wieder eingeführt.

DAS ALTE RATHAUS
Großstraße

Das Alte Husumer Rathaus am Markt, nach Hausnummern das letzte Haus der Großstraße, hat eine ebenso wechselvolle Geschichte aufzuweisen wie die Stadt selbst auch. Der Bedarf an einem eigenen Gebäude für die Gerichtsbarkeit des Ortes entstand bereits, als der Ort 1582 aus dem Rechtsverband der Südergoesharde ausschied und ein eigenes Gericht erhielt.

Als Bauplatz für ein Rathaus hatte Herzog Adolf den Husumern das ehemalige *Gasthaus „Zum Engel"* an der Großstraße geschenkt. Jedoch verzögerte sich offenbar der Bau des Rathauses, denn nach dem Tode des Herzog war der Bau immer noch nicht errichtet, und der Nachfolger des Herzogs, sein Sohn Johann Adolf, mußte 1593 die Schenkung bestätigen, mit der bereits erwähnten Auflage, den Fahrweg zum Schloß offen zu halten.

Die nächste Urkunde, die sich mit dem Rathaus befaßt, stammt aus dem Jahre 1601. In ihr wird den Husumern der alleinige Ausschank fremder Biere in ihrem Ratskeller genehmigt. Damit folgte der Herzog der Bitte der „Rhattspersohnen", die damit hofften, einige der Kosten für ihren erkennbar aufwendigen Rathausneubau „zur Administrierung der lieben Justiz" wieder hereinzuholen.

Aus den Kämmereirechnungen der Stadt Husum von 1601 wissen wir, daß das Rathaus 8836 Mark Lübisch, 9 Schillinge und 5 Pfennige gekostet hat. Auch über den Baumeister wird in der Kämmereirechnung Auskunft gegeben: „Den 16. April in der Oster Woche, fing der Bau des Rathauses an und wurde Allerheiligen Abend e.a. von *Peter Mastricht* aus Tönning vollendet." Die Zeit von gut einem halben Jahr, von Ostern bis Allerheiligen, ist unglaublich kurz und kann sich nur auf die Errichtung des Rohbaus beziehen. Aus späteren Kämmereirechnungen wissen wir, daß noch länger am Innenausbau gearbeitet wurde, der möglichweise nie wie vorgesehen vollendet wurde. Auch scheinen nach kurzer Zeit die ersten Bauschäden eingetreten zu sein.

Der Bau des Peter Mastricht hat ein gänzlich anderes Aussehen als heute. Er reichte mit einer durch vier Bögen gebildeten offenen Vorhalle etwa vier Meter weiter in den Straßenraum hinein. Einer dieser Bögen nahm die Durchfahrt zum Schloß auf, die auf diese Weise kaum in Erscheinung trat.

Das Untergeschoß des Gebäudes nahm einmal den Ratskeller auf, wie er heute noch mit seinen Gewölben besteht, und darüber eine große Halle, die den ganzen vorderen Teil des Gebäudes einnahm. Die Untere Halle diente wohl als Markthalle für wertvolle Waren, auch dürfte hier das Nieder- und Marktgericht getagt haben. Wahrscheinlich bestand diese Halle nur bis zum Jahre 1702, als sie erheblich umgebaut wurde. Erst seit 1991 ist sie wieder in ihrer alten Größe entstanden, als die Ein-

Das Husumer Rathaus 1601, der rechte Bogen nahm die Durchfahrt zum Schloß auf, hinter den drei linken Bögen lag die Gerichtsstube

Über dem Obergeschoß erhoben sich außen drei hohe Schweifwerkgiebel, sie wurden noch von einem quergelagerten Satteldach überragt, an dessen Enden Wetterfahnen an hohen Stangen angebracht waren.

Zwei große drachenartige Wasserspeier zwischen den Giebeln und drei Sandstein-Wappen zwischen Unter- und Obergeschoß bildeten einen zusätzlichen Schmuck der prachtvollen und auffälligen Fassade. Es war aber gerade diese komplizierte Konstruktion, die dem Bau auch zum Verhängnis werden sollte. Etwa zweihundert Jahre nach seiner Errichtung war der in den Straßenraum hineinragende Vorbau mit seinen drei Giebeln und der Dachkonstruktion so baufällig geworden, daß er abgebrochen werden und die Fassade in die Flucht der anderen Häuser zurückverlegt werden mußte.

Zwischen 1809 und 1811 erhielt das Rathaus dann die Form, die es auch jetzt noch im Prinzip aufweist mit dem Dreiecksgiebel in der Dachfläche und dem kleinen kupfernen Türmchen, das noch ganz die Formen des 18. Jahrhunderts zeigt. Spätere Umbauten führten zu weiteren Veränderungen, um die Fassade immer wieder dem jeweiligen Zeitgeschmack anzupassen. Zuletzt erhielt das alte Husumer Rathaus im Jahre 1971 eine neue Front, die später um den Giebel ergänzt wurde.

Genau 388 Jahre wurden die Geschicke der Stadt Husum in guten und schlechten Tagen von diesem Haus in der Großstraße gelenkt. In der Zwischenzeit hatte sich die Stadt erheblich vergrößert, und auch die Aufgaben einer Stadtverwaltung hatten sich wesentlich verändert. So war das alte Rathaus längst zu klein geworden. Nach einer langen Zeit der Planung und intensiver, auch kontroverser Diskussionen konnte schließlich im Jahre 1989 das neue Rathaus am Hafen seiner Bestimmung übergeben werden. Damit ging eine fast 400jährige Geschichte zu Ende, aber es wurde die Möglichkeit eröffnet, das Gebäude von störenden Einbauten zu befreien und es jedenfalls im Innern weitgehend in seinen alten Zustand zu versetzen. Damit hat Husum ein Baudenkmal von sehr großer Bedeutung zurückerhalten, wovon zu Beginn der Bauuntersuchung nach Auszug der Verwaltung niemand ausgehen konnte.

Bei allen Veränderungen über die Jahrhunderte blieb eine Institution ununterbrochen erhalten: der Ratskeller, der damals wie heute eine der ersten Adressen in Husum darstellt und dessen Gewölbe die Erinnerung an die berühmten Ratskeller anderer Städte, wie Bremen oder Lübeck, wachruft.

DAS NEUE RATHAUS
Zingel

Das neue Rathaus ist das Ergebnis einer langen und leidenschaftlich geführten Auseinandersetzung in der Bürgerschaft und den städtischen Gremien, bei der sich sogar die Mehrheitsverhältnisse im Stadtrat, dem Stadtverordnetenkollegium, veränderten.

Als die Husumer Schiffswerft in den siebziger Jahren unseres Jahrhunderts ihren alten Standort am Binnenhafen nicht mehr halten konnte, die zu bauenden Schiffe waren zu groß geworden, wurde das Gelände frei und bot sich für ein repräsentatives Bauvorhaben an. Die Idee, dort ein Rathaus zu bauen, lag also nahe. Ein Architektenwettbewerb 1986 brachte zwar ein Ergebnis, das jedoch keineswegs auf einhellige Zustimmung stieß. Schließlich einigte man sich auf den Entwurf des 4. Preisträgers, der Architekten Patschan und Winking, Hamburg.

Über dem Obergeschoß erhoben sich außen drei hohe Schweifwerkgiebel, sie wurden noch von einem quergelagerten Satteldach überragt, an dessen Enden Wetterfahnen an hohen Stangen angebracht waren.

Zwei große drachenartige Wasserspeier zwischen den Giebeln und drei Sandstein-Wappen zwischen Unter- und Obergeschoß bildeten einen zusätzlichen Schmuck der prachtvollen und auffälligen Fassade. Es war aber gerade diese komplizierte Konstruktion, die dem Bau auch zum Verhängnis werden sollte. Etwa zweihundert Jahre nach seiner Errichtung war der in den Straßenraum hineinragende Vorbau mit seinen drei Giebeln und der Dachkonstruktion so baufällig geworden, daß er abgebrochen werden und die Fassade in die Flucht der anderen Häuser zurückverlegt werden mußte.

Zwischen 1809 und 1811 erhielt das Rathaus dann die Form, die es auch jetzt noch im Prinzip aufweist mit dem Dreiecksgiebel in der Dachfläche und dem kleinen kupfernen Türmchen, das noch ganz die Formen des 18. Jahrhunderts zeigt. Spätere Umbauten führten zu weiteren Veränderungen, um die Fassade immer wieder dem jeweiligen Zeitgeschmack anzupassen. Zuletzt erhielt das alte Husumer Rathaus im Jahre 1971 eine neue Front, die später um den Giebel ergänzt wurde.

Genau 388 Jahre wurden die Geschicke der Stadt Husum in guten und schlechten Tagen von diesem Haus in der Großstraße gelenkt. In der Zwischenzeit hatte sich die Stadt erheblich vergrößert, und auch die Aufgaben einer Stadtverwaltung hatten sich wesentlich verändert. So war das alte Rathaus längst zu klein geworden. Nach einer langen Zeit der Planung und intensiver, auch kontroverser Diskussionen konnte schließlich im Jahre 1989 das neue Rathaus am Hafen seiner Bestimmung übergeben werden. Damit ging eine fast 400jährige Geschichte zu Ende, aber es wurde die Möglichkeit eröffnet, das Gebäude von störenden Einbauten zu befreien und es jedenfalls im Innern weitgehend in seinen alten Zustand zu versetzen. Damit hat Husum ein Baudenkmal von sehr großer Bedeutung zurückerhalten, wovon zu Beginn der Bauuntersuchung nach Auszug der Verwaltung niemand ausgehen konnte.

Bei allen Veränderungen über die Jahrhunderte blieb eine Institution ununterbrochen erhalten: der Ratskeller, der damals wie heute eine der ersten Adressen in Husum darstellt und dessen Gewölbe die Erinnerung an die berühmten Ratskeller anderer Städte, wie Bremen oder Lübeck, wachruft.

DAS NEUE RATHAUS
Zingel

Das neue Rathaus ist das Ergebnis einer langen und leidenschaftlich geführten Auseinandersetzung in der Bürgerschaft und den städtischen Gremien, bei der sich sogar die Mehrheitsverhältnisse im Stadtrat, dem Stadtverordnetenkollegium, veränderten.

Als die Husumer Schiffswerft in den siebziger Jahren unseres Jahrhunderts ihren alten Standort am Binnenhafen nicht mehr halten konnte, die zu bauenden Schiffe waren zu groß geworden, wurde das Gelände frei und bot sich für ein repräsentatives Bauvorhaben an. Die Idee, dort ein Rathaus zu bauen, lag also nahe. Ein Architektenwettbewerb 1986 brachte zwar ein Ergebnis, das jedoch keineswegs auf einhellige Zustimmung stieß. Schließlich einigte man sich auf den Entwurf des 4. Preisträgers, der Architekten Patschan und Winking, Hamburg.

Tönning, aber auch Husum in alten Akten erwähnt wird, vielleicht aber auch Peter Mastricht, von dem das 1601 errichtete ausgewöhnliche Rathaus in Husum stammt.

Das Schloß war im Innern mit Möbeln und Gemälden ausgestattet und geschmückt. Im Schlafzimmer des Herzogs hing eine Landkarte der Niederlande, wie wir aus einem alten Inventar wissen.

Etwa 20 Jahre nach der Errichtung erhielt *Herzogin Augusta*, die Frau Herzog Johann Adolfs von Gottorf, eines Sohnes von Herzog Adolf, am 24. Juni 1602 das Husumer Schloß und die Hardesvogtei Husum zur Vermehrung ihres „Cammerguthes" überschrieben. Einige Zeit danach ist sie an den Ausbau ihrer Residenz gegangen. Im Jahre 1612 entstand das weitgehend ursprünglich erhaltene Torhaus an der heutigen Schloßstraße, das gleichzeitig auch die Verwaltung für das offenbar um diese Zeit entstandene Amt Husum aufnahm. Damit wurde der zweite, äußere Schloßplatz weiter vervollständigt.

Auch auf der eigentlichen Schloßinsel wurde erheblich gebaut, so entstand ein neuer Küchentrakt am nördlichen Rand des Schloßhofes, auch wurden Vorratsräume errichtet, eine Kapelle wurde im Südflügel eingebaut und anscheinend auch der große Saal im ersten Stock aus der Achse des Gebäudes in Richtung der privaten Räume des Südflügels verlegt, auch einen Erkerausbau mit reich ausgestatteten „Rondeelen" in den oberen Etagen erhielt das Schloß, von denen man sowohl beide Schloßhöfe, den auf der Schloßinsel und den neuen äußeren Schloßplatz, als auch die Fahrstraße zum Schloß hin überblicken konnte.

Um 1614 schuf *Henni Heidtrider* die berühmten **Alabaster-Kamine**, von denen noch drei im Schloß erhalten sind, ein vierter steht als Replik im Rittersaal. Zwei weitere Kamine aus einer anderen Werkstatt sind ebenfalls aus dieser Zeit erhalten geblieben. Gleichzeitig hatten

Bildhauer, Maler und Goldschmiede ein reiches Betätigungsfeld am Husumer Hof. Hofmaler waren hier etwa Jacob von Voordt, Nicolaus Umbhöfer, Broder Matthißen, Julius Strachen.

Eine zweite Ausbauphase der Husumer Residenz schloß sich in den dreißiger Jahren des 17. Jahrhunderts ebenfalls unter Herzogin Augusta an. Damals wurde das südliche Hofgebäude auf der Schloßinsel errichtet, es war eingeschossig und hatte, wie der Küchentrakt, ein Flachdach. Nach Westen schloß sich ein zweigeschossiges Pavillongebäude an. Auch der äußere Schloßplatz wurde durch das „Neue Gebäude" planvoll vervollständigt, das mit seinen beiden Stockwerken und dem hohen Satteldach wirkungsvoll dem Schloß gegenüberlag, es ist das heutige „Kavalierhaus", das wohl auch für diesen Zweck, also für die Beherbergung der zahlreichen Besucher, errichtet wurde. Später diente es dem Amtmann des Amtes Husum als Wohnung und Amtssitz. Diese Bauleistung der Herzogin ist um so beachtlicher, weil sie in die schwierigen Zeiten des Dreißigjährigen Krieges fällt, und war möglich, weil die Herzogin eine größere Erbschaft gemacht hatte. Vielleicht ist es auf die Notzeiten zurückzuführen, daß der Baustil des „Neuen Gebäudes" eher rückschrittlich war. Mit seinen Treppengiebeln und dem weitgehend schmucklosen Äußeren war es nicht auf der Höhe seiner Zeit, sondern ist der in Schleswig-Holstein verbreiteten „Nachgotik" zuzurechnen. Herzogin Augusta erlebte übrigens nicht mehr das Ende der Bauarbeiten; sie starb im Jahre 1639.

Unter der Schwiegertochter Herzogin Augustas, *Herzogin Marie Elisabeth*, die nach ihr das Schloß als Witwensitz erhalten hatte, wurden die begonnenen Baumaßnahmen vollendet, jedoch verlegte sie ihre Privaträume in das von ihrer Vorgängerin errichtete kleine und intime Pavillongebäude in der südwestlichen Ecke des inneren Schloßhofes. Das Schloß nahm allmählich eine bedeutende **Gemäldesammlung** auf, die sich mit der Sammlung der dänischen Könige auf Schloß Frederiksborg bei Kopenhagen messen konnte. Gleichzeitig war der Hof Zentrum eines reichen Musiklebens.

Überhaupt kann die Bedeutung und der Einfluß der Hofhaltung auf das Geistes-, vor allem aber das Wirtschaftsleben der Stadt nicht hoch genug eingeschätzt werden. Tatsächlich handelte es sich um einen umfangreichen Wirtschaftsbetrieb, der einen großen Teil seines Bedarfs selbst produzierte. So gehörten zum Husumer Schloß ausgedehnte Ländereien, unter anderem Gut Arlewatt im Norden des Amtes und der heutige Rote Hauberg im Adolfskoog in Eiderstedt, eine eigene Schmiede, die Schloßschmiede, lag gegenüber dem Torhaus an der heutigen Schloßstraße. Der Hofstaat umfaßte unter Herzogin Marie Elisabeth 85 Personen und reichte von der „Frau Hofmeisterin" bis zum „Fußknecht", und auch ein Hofzwerg gehörte dazu.

Nach dem Tode der Herzogin Marie Elisabeth, 1684, wurde das Husumer Schloß kaum noch für die Herzogliche Familie genutzt. Im Jahre 1721 gelangte es nach dem Ende des Nordischen Krieges zusammen mit den nördlich der Eider gelegenen Teilen des Herzogtums Gottorf in den Besitz des dänischen Königs, der für diesen Fürstensitz keine Verwendung hatte.

Die Gottorfer Linie des noch heute in Dänemark regierenden Hauses Oldenburg, der das Husumer Schloß bis 1721 gehörte, ist ausgestorben, sie hat aber zwei bedeutende europäische Dynastien hervorgebracht, die beide ein gewaltsames Schicksal erlitten. Die schwedische Königslinie, die mit der Ermordung König Gustavs III. bei einem Maskenball im Jahre 1792 erlosch, und das russische Kaiserhaus Romanow, dessen Angehörige 1918 in Jekaterinenburg umgebracht wurden.

Auch unter dem dänischen König wurden zwar die wichtigsten Reparaturen am Husumer Schloß durchgeführt, sie konnten jedoch dem allmählichen Verfall des aufwendig gebauten Gebäudes nicht Einhalt gewähren. Um die Mitte des 18. Jahrhunderts verschlechterte sich der Zustand so weit, daß grundlegende Maßnahmen unumgänglich wurden. Die Regierung in Kopenhagen stand dabei vor der Frage Abriß oder Umbau, glücklicherweise entschloß man sich für letztere Möglichkeit. Jedoch sollte der Umbau so preiswert wie möglich ausgeführt werden. Der König selbst hatte sich während eines kurzen Aufenthaltes in Husum 1748 das Schloß angesehen, verbrachte aber die Nacht im „Amtshaus" gegenüber, da das Schloß selbst offenbar nicht mehr bewohnbar war.

Zunächst wurden die Nebengebäude um den äußeren Schloßplatz an Privatleute verkauft, dann der Hauptbau stark vereinfacht, der aber dennoch eine bestimmte Würde behalten sollte, da das Schloß nach wie vor dazu bestimmt war, dem „Empfang der allerhöchsten Herrschaften zu dienen", das heißt, der König wollte hier die Möglichkeit behalten, Gäste entsprechend dem Protokoll empfangen können.

Bei dem Umbau 1751–52 wurden die hohen Schweifwerkgiebel und die Obergeschosse der Seitenflügel abgetragen, wodurch das Hauptgebäude eine einheitliche Firsthöhe erhielt. Dafür erhielten die früher flach gedeckten südlichen und nördlichen Hofgebäude Satteldächer, das westliche wurde bis auf ein verkleinertes Torhaus, das heute auch nicht mehr steht, abgebrochen und durch eine einfache Mauer ersetzt, die heute noch besteht.

Als einziges Schmuckelement blieb der hohe Mittelturm stehen. Damit erreichte der Architekt, Landbaumeister *Otto Johann Müller*, eine Umdeutung der Anlage im barocken Sinne. Das Schloß wurde zu einer echten Dreiflügelanlage mit einem für die Zeit typischen Ehrenhof. Der hohe Mittelturm dominierte nun die Anlage, Symbol des absoluten Herrschers im Staat, des Königs. Im Innern des Bauwerks wurde die für einen Empfang durch den König notwendige Raumfolge: Vestibül, Treppenhaus, Ritter- oder Trabantensaal, Vorzimmer und Audienzgemach eingebaut, eine Raumabfolge, die sich in jedem europäischen Barockschloß wiederfinden läßt.

Bis zum Umbau 1751–52 war die Amtsverwaltung im bereits erwähnten *„Neuen Gebäude"*, dem Kavalierhaus, untergebracht. Sie kam nun ins Schloß zusammen mit der Wohnung des Amtmannes. Ursprünglich nahm die Amtsverwaltung lediglich drei Räume des Erdgeschosses nördlich der Haupttreppe ein, wobei zu berücksichtigen ist, daß der Amtmann auch die Funktion eines Richters hatte. Im Laufe der Jahrhunderte wuchs die Verwaltung zunächst des Amtes Husum, dann des Kreises Husum und schließlich des Kreises Nordfriesland immer mehr und nahm das ganze Gebäude ein. Erhebliche Umbauten wurden notwendig und zerstörten Teile des alten Bestandes oder machten ihn unkenntlich.

Bis ins späte 19. Jahrhundert konnte das Schloß aber immer wieder königlichen Besuch verzeichnen. Diese Tradition riß auch nicht ab, nachdem Schleswig-Holstein nach dem Krieg gegen Dänemark von 1864 schließlich in Preußen „inkorporiert", also eine Provinz und von Berlin aus regiert wurde. So übernachtete der preußische Kronprinz und spätere Kaiser Friedrich III. auf der Durchreise von der Hauptstadt zum Sommerurlaub auf der Ferieninsel der Familie, Föhr, auf dem Husumer Schloß. Seine Frau, eine Tochter Königin Victorias von England, bevorzugte mit den Kindern jedoch wegen der größeren Bequemlichkeit das Thomas Hotel, das damals in der Großstraße lag.

Als die Kreisverwaltung schließlich 1971 das Husumer Schloß verließ und den Neubau nördlich des Schloß-gartens bezog, der übrigens ebenfalls auf altem Schloß-grund liegt, war die Möglichkeit gegeben, das alte Gebäude so wiederherzustellen, daß es die Gestalt zurückerhielt, die es im 18. Jahrhundert erhalten hatte. Diese Arbeiten konnten im wesentlichen im Jahre 1992 abgeschlossen werden und haben alle Teile des Hauses umfaßt, das sich jetzt tatsächlich wieder als ein Schloß mit allen auch im 18. Jahrhundert vorhanden Räumen präsentiert. Da das Husumer Schloß das einzige landes-herrliche Schloß an der Westküste ist, kommt ihm eine besondere Bedeutung zu. Die Arbeiten wurden durch den Kreis Nordfriesland und dessen Mitarbeiter Joachim Blumenthal und die dänischen Architekten Jørn Overby, Gram, und Karsten Rønnow, Kopenhagen, geleitet.

Heute dient das Husumer Schloß als Kulturzentrum des Kreises Nordfriesland, die alten Repräsentationsräu-me zeigen die höfische Kultur ihrer Zeit, andere Säle ste-hen für Wechselausstellungen zur Verfügung. Außer-dem hat die Kreismusikschule im Schloß ihr Domizil gefunden.

Das Hauptgebäude

Obergeschoß

Das Innere des Hauptgebäudes ist heute im allgemeinen so wiederhergestellt, wie es sich durch den Umbau unter Otto Johann Müller dargestellt hat. Dieser Umbau von 1751–52 war so tiefgreifend, daß lediglich die Umfas-sungsmauern und der Mittelturm stehenblieben, so daß das Gebäude praktisch fast vollständig neu aufgeführt

Das Treppenhaus von 1752

wurde, weswegen sich die Restaurierungsarbeiten auch am Zustand des 18. Jahrhunderts orientieren mußten und nicht den ursprünglichen Zustand anstreben konnten.

Der Besucher des Schlosses betritt heute das Gebäude durch eines der beiden Portale links und rechts neben dem Treppenturm. Durch sie gelangt man in den Flur, der sich über die gesamte Breite des Hauptgebäudes erstreckt. In seiner Mitte öffnet er sich zum barocken *Treppenhaus*, das beim Umbau des 18. Jahrhunderts neu eingebaut wurde und die noch erhaltene enge Wendeltreppe im Hauptturm ersetzte. Diese Treppe mündet mit ihrem breiten Lauf in einen geräumigen Vorplatz im Obergeschoß, von dem nach rechts ein Flur abgeht, der zu einer Reihe von Zimmern und Sälen führt und von dem man links in den Rittersaal gelangt. Im Treppenhaus hängt neben anderen eines der wenigen Gemälde, das über die Wirren der Zeit hinweg im Husumer Schloß erhalten geblieben ist. Es handelt sich um eine Darstellung einer *Stachelschweinjagd* und geht auf einen Kupferstich von Adrian Collaert nach einem Gemälde von Johannes Stradanus zurück. (Die hier angegebenen Gemälde und Ausstellungsstücke befinden sich nicht immer in der ständigen Ausstellung.)

Seinen heutigen Platz hat der Hauptsaal des Schlosses, der **Rittersaal**, unter Herzogin Augusta in den ersten Jahrzehnten des 17. Jahrhunderts gefunden. Die Bezeichnung des Saales hat über die Jahrhunderte gewechselt, heute hat sich allgemein Rittersaal durchgesetzt, da es sich tatsächlich um einen solchen im Sinne der barocken Raumabfolge handelt, da dort bei einem Empfangszeremoniell eine Wache Spalier stand. Natürlich wurden aber diese Säle, wie der Husumer auch, vor allem für Festlichkeiten genutzt.

Zur Tradition dieser Säle gehört, daß sie das jeweilige Herrscherhaus auf irgendeine Art verherrlichen sollten,

118

Das Archivgebäude

Der Schloßhof wird im Norden durch ein eingeschossiges Gebäude mit hohem Satteldach begrenzt. In diesem Bau ist das **Archiv des Kreises Nordfriesland** untergebracht. Das Gebäude hat jedoch im Laufe der Geschichte vielen Zwecken gedient. Errichtet wurde es unter Herzogin Augusta als Küchentrakt des herzoglichen Schlosses. Für uns heute eine eigenartige Vorstellung, die Küche so weit von den Wohnräumen entfernt zu errichten. Dies hatte jedoch seinen Grund in der damals von Küchen ausgehenden Brandgefahr. Aus diesem Grunde wurden die Küchen auch gern mit einer gewölbten Steindecke versehen, die kein Feuer fangen konnte; so hat auch das Husumer Gebäude beachtliche Gewölbe, die für das flache Dach eigentlich überdimensioniert waren. Möglicherweise war an eine Aufstockung zu einem späteren Zeitpunkt gedacht.

Im 19. Jahrhundert wurden die Gewölbe zu einem Gefängnis für das Amtsgericht umgebaut, das im gegenüberliegenden Südflügel des Schlosses seine ersten Räumlichkeiten in Husum hatte. Amtsgerichte wurden erst durch die Preußen in Schleswig-Holstein eingeführt. Erster Amtsrichter in Husum war Theodor Storm, der auf diese Weise eng mit dem Schloß verbunden war.

Heute beherbergt das Gebäude ungefähr 50 000 Akten vom 16. Jahrhundert bis in die Gegenwart. Dabei handelt es sich um Dokumente des Kreises Nordfriesland, der alten Kreise Südtondern, Eiderstedt und Husum. Daneben werden hier das Stadtarchiv Husum, das Stadtarchiv Garding, das Inselarchiv Föhr, das Landschaftsarchiv Eiderstedt und Archive der Deich- und Sielverbände verwahrt. Außerdem besitzt das Archiv eine reiche Sammlung alter Archivschränke und -truhen. Die Bibliothek umfaßt 16 000 Bände.

Der äußere Schloßplatz

Von der alten Bebauung des äußeren Schloßplatzes sind heute noch das Torhaus und das alte Kavalierhaus erhalten geblieben.

Das Torhaus

Das Torhaus wurde, ausweislich der Maueranker am Ostgiebel, im Jahre 1612 errichtet. Als Architekt kommt wieder *Henni Heidtrider* in Frage, von dem bekannt ist, daß er das alte Dammtor in Hamburg errichtet hat. Der bauliche Schmuck des Husumer Gebäudes ist auf die Erbauerin und Hausherrin, Herzogin Augusta, ausgerichtet. So weisen bereits die ionischen Kapitelle der Doppelpilaster neben dem Durchfahrtstor auf die Herzogin, da die Ionica entsprechend der alten Architektursprache der reiferen Frau zukamen. Das Schriftband in der Frieszone über den Pilastern nennt ebenfalls die Herzogin und zählt ihre Titel auf, während ihr Wappen, das des dänischen Königshauses, in einem Oval darüber angebracht ist und die Fassade beherrscht. Dieses Wappen wird von einem frühbarocken Rollwerk flankiert und bildet eine Art Giebelfeld. Über den Pilastern und dem Wappen befinden sich Nischen, in denen sich insgesamt drei Figuren von antiken Göttinnen befanden. Die beiden Figuren links und rechts des Wappens sind erhalten: links Venus oder Aphrodite mit einem kleinen Amor und rechts Minerva oder Athena. In der dritten oberen

Athena vom Torhaus zum Schloß vor Husum

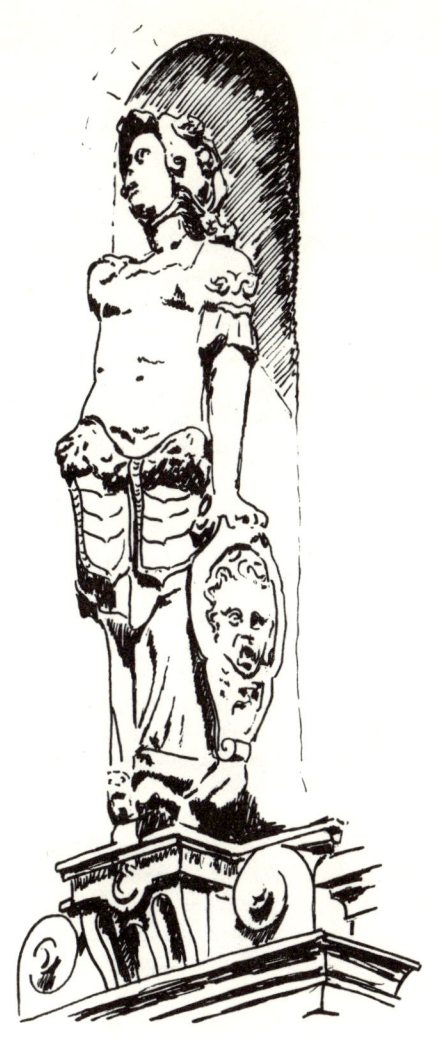

Nische über dem Wappen stand offenbar eine Figur der Göttinmutter Hera oder Juno. Dieses figürliche Programm diente der Verherrlichung der Fürstin als Frau, Beschützerin der Künste und Landesmutter.

Da neben dem reichen Schmuck des Portals auch noch die frühbarocken Schweifwerkgiebel erhalten geblieben sind, gehört das Torhaus zu den schönsten Häusern der Stadt Husum. Nachdem es im 18. Jahrhundert verkauft worden war, hatte es mehrmals den Eigentümer gewechselt, kam aber in den sechziger Jahren unseres Jahrhunderts in den Besitz der Stadt Husum, die es vor dem Verfall bewahrte. Seit 1992 gehört es dem Kreis Nordfriesland, der damit das ehemalige Schloßareal weiter vervollständigte. Der Kreis nutzt das Torhaus für die Verwaltung, womit es wieder dem Zweck dient, für den es einst errichtet wurde.

Das „Neue Gebäude" oder Kavalierhaus

Gegenüber dem Hauptgebäude des Schlosses liegt das Kavalierhaus, das in den dreißiger Jahren des 17. Jahrhunderts unter Herzogin Augusta vermutlich als Gästehaus des Hofes errichtet wurde. Solche Gebäude waren durchaus üblich und notwendig, da die Höfe sich mit großem Gefolge gern gegenseitig besuchten, dann aber auch entsprechend lange blieben, so daß der Platzbedarf bei solchen Besuchen erheblich war.

Mit dem Kavalierhaus, in den Akten schlicht das „Neue Gebäude" genannt, konnte dann aber auch dem äußeren Schloßplatz ein städtebaulicher Abschluß gegeben werden, denn mit dem symmetrisch angeordneten Hauptgebäude und seinen beiden niedrigeren Anbauten nahm das Haus die gesamte westliche Breite des äußeren Schloßplatzes ein, der damit eine Randbebauung erhielt.

*Ein bißchen an eine alte Burg erinnert die Westseite des
alten Amtshauses (Tönnies-Haus) gegenüber dem Schloß*

Das äußere Bild des „Neuen Gebäudes" war sehr einfach, mit seinen Treppengiebeln muß es auch in damaligen Zeiten eher altertümlich gewirkt haben, im Innern wurde es aber doch verhältnismäßig aufwendig ausgestattet, so hat sich bis heute ein Teil der alten Stuckarbeiten an den Decken erhalten. Nicht mehr vorhanden sind der alte Treppenturm an der südöstlichen Ecke des Gebäudes sowie die eingeschossigen nördlichen und südlichen Anbauten, in denen unter anderem das Brauhaus untergebracht war.

Später nahm das „Neue Gebäude" die Amtsverwaltung des Amtes Husum auf, die dann 1752 in das umgebaute Schloß verlegt wurde. Damals wurde auch das Haus verkauft, das sich bis heute in Privatbesitz befindet. Lange Zeit gehörte es der Familie Tönnies und wird danach bis heute auch Tönniessches Haus genannt. Hier wuchs Ferdinand Tönnies (1855–1936) auf, der als Begründer der deutschen Soziologie gilt.

Auch heute noch hat das Kavalierhaus beinahe etwas Verwunschenes und Entrücktes an sich, das mag wohl auch daran liegen, daß es in einem großen Garten hinter einem Gitterzaun fast unerreichbar erscheint. Und tatsächlich ist es auch nur durch einen Gang zwischen zwei Häusern von der Neustadt aus zugänglich. Die Mühe eines Umwegs lohnt sich aber, sie wird durch einen beinahe idyllischen kleinen Innenhof entschädigt, an dem das Gebäude mit seinem burgartigen Mittelturm liegt.

Der Schloßgarten

Der Husumer Schloßgarten hat im Laufe der Geschichte mehrmals sein Aussehen grundlegend verändert. Dabei ist die Gartenanlage schon sehr alt und dürfte aus dem Ende des 15. Jahrhunderts stammen, denn bereits das Franziskaner-Kloster, das im Bereich des heutigen Schlosses lag, verfügte über einen „Baumgarten". Wie dieser Garten aussah, ist nicht überliefert. Es wird ein Obstgarten gewesen sein.

Zum Schloß der Renaissancezeit, wie es auch in Husum im 16. Jahrhundert entstand, gehörte aber schon ein Ziergarten, so daß neben die praktische Nutzung des Gartens für Haus und Küche die Aufgabe der Zerstreuung und Erholung trat. Ein Stadtplan von 1651 zeigt uns den Zustand des Husumer Schloßgartens, wie er unter Herzogin Augusta angelegt war. Dieser Plan stammt von dem Husumer Kartographen Johannes Mejer und dürfte wie alle seine Karten sehr genau sein. Darauf ist das Schloß mit seinen beiden Höfen und Plätzen festgehalten, aber auch das noch heute vorhandene Schloßgartentor aus dem Anfang des 17. Jahrhunderts in der Nordmauer des äußeren Schloßplatzes. Dahinter schließt sich der Garten an, der in etwa gleichgroße Karrees eingeteilt wird, der mittlere Teil des Gartens weist eine etwa quadratische Sonderfläche auf, die wahrscheinlich nach der Mode der Zeit mit einer hohen Hecke umgeben war. In diesem Geviert befindet sich wiederum eine Vielzahl von kleineren Karrees, vermutlich war dies der Ziergarten. Diese Gliederung entspricht den allgemeinen Gestaltungsvorstellungen des Renaissancegartens, so daß diese Form der Husumer Anlage noch auf das 16. Jahrhundert zurückgegangen sein dürfte.

Der Mejersche Plan von 1651 zeigt außerdem den Fischteich in der nordwestlichen Ecke des Schloßgartens sowie das „Pommeranzenhaus" in seinem Westteil. In diesem Gebäude, der Orangerie, wurden Südfrüchte für die Tafel der Herzogin gezogen, neben Orangen offenbar in größerer Menge auch Melonen. Die Husumer Schloßgärtnerei arbeitete jedoch nicht nur für den eigenen Hof, sondern auch für die anderen Höfe in Schleswig-Holstein, so daß es sich um einen leistungsfähigen Gartenbaubetrieb handelte.

Der Schloßgraben hatte an seiner südöstlichen Ecke eine Ausweitung, die noch heute erkennbar ist. Wahrscheinlich diente diese Wasserfläche im Winter als Eis- und Schlittschuhbahn. Auf der Schloßinsel selbst befand sich der „Kleine Lust- und Bluhmen Gartten", der wohl noch im 18. Jahrhundert in der Art eines französischen Parterres mit kleinen Buchsbaumhecken und geometrisch ausgelegten Ornamenten gestaltet war. Ein „Lusthaus" in diesem kleinen Garten hatte die Herzogin mit Gemälden des bedeutenden Malers Broder Matthißen „staffiren lassen".

Der Husumer Schloßgarten, der noch um die Mitte des 17. Jahrhunderts, also noch ganz in der Art der Renaissancegärten, gestaltet war, entsprach damals schon nicht mehr den Vorstellungen einer zeitgemäßen, barocken Anlage, auch wenn auswärtige Besucher sich lobend über sie äußerten. Vor allem fehlte die strenge Ausrichtung auf das Hauptgebäude durch die üblichen Alleen, eine Situation, die durch die örtlichen Gegebenheiten auch nicht zu ändern war.

Auch wenn nach dem Tode der Herzogin Marie Elisabeth (1684) das Husumer Schloß verwaist blieb, behielt der Herzog doch ein gewisses Interesse an dem Garten. So wird unter Herzog Christian Albrecht 1691 Christian Klingmann als neuer Schloßgärtner bestallt. Ihm standen ein Geselle und zwei Jungen zur Seite, außerdem mußten „Käthner und Hufner" Hilfsarbeiten leisten.

Möglicherweise entstand damals der dritte Garten auf dem Gelände nördlich des Schlosses, der Barockgarten, wie wir ihn aus den Plänen des 18. Jahrhunderts kennen, mit breit angelegten Alleen, die die Fläche rasterförmig, aber auch diagonal aufteilten. In den Schnittpunkten befanden sich Rondells. In einem Inventar heißt es: „Der Schloß-Garten ist mit Hagebuchen-Hecken und mit Alleen von Linden Bäumen Bepflanzet".

Diese Alleen haben sich anscheinend bis in die Mitte des 19. Jahrhunderts gehalten, doch verkam die Anlage immer mehr. Zeitweise wurde der Garten für den Anbau von Zichorie, einem damals beliebten Kaffee-Ersatz genutzt. Später plante man, auf dem Gelände einmal eine Eisengießerei, dann den Neubau der Gelehrtenschule, des Gymnasiums, zu errichten. Aus diesen Plänen wurde jedoch erfreulicherweise nichts. Statt dessen kamen die Stadtväter nach 1870 auf den Gedanken, aus dem einst herrschaftlichen Schloßgarten einen Stadtpark für die Bürger Husums zu machen. 1878 kam es schließlich zu einem Vertrag zwischen dem Domänenfiskus und der Stadt. Fünf Parzellen wurden für 4780 Mark an die Stadt verkauft. Die Pläne für die Umgestaltung ab 1879 lieferte der Hamburger Landschaftsgärtner Friedrich Joachim Christian Jürgens, der als einer der bedeutenden Gartenarchitekten seiner Zeit gilt. Im Laufe der Jahrzehnte kamen immer mehr Flächen in die Obhut der Stadt, die heute den gesamten Garten bis auf die Schloßinsel verwaltet und pflegt. Im Jahre 1964 erfuhr der Park sogar eine Erweiterung, als der Platz der „Alten Freiheit" nordöstlich des eigentlichen Schloßgartens umgestaltet und einbezogen wurde.

Im Schloßgarten stehen heute verschiedene Denkmäler, so der Obelisk, der an die Gefallenen des Krieges von 1870/71 erinnern soll, das Denkmal für die Toten des Krieges von 1914–18, dessen Zentralfigur, eine Trauernde, von Heinrich Mißfeldt geschaffen wurde, und das Mahnmal für alle Opfer der Zeit von 1933 bis 1945 von Siegfried Assmann. Im Schloßgarten hat die Stadt 1898 das für Husum obligatorische Storm-Denkmal errichtet. Sein Schöpfer war der ebenfalls aus Husum gebürtige Bildhauer Adolf Brütt, von dem auch der Tine-Brunnen stammt.

Weit über die Grenzen Husums hinaus wurde der Schloßgarten in den letzten Jahrzehnten durch die **Krokusblüte** bekannt, die jedes Jahr Zehntausende von Besuchern im Frühling nach Husum lockt. Während einer kurzen Zeit von wenigen Wochen ist die Fläche des Schloßgartens mit blau-violett blühenden Krokussen bedeckt. Die Herkunft dieses „Blütenwunders" ist unbekannt. Es herrschte nicht einmal Sicherheit über die genaue Identität des Krokusses. Eine Untersuchung des Botanischen Gartens Bonn aus dem Jahre 1992 bezeichnet ihn als Crocus napolitanus (Mordant & Loisel, aus der Gruppe von C. vernus Hill). Das Verbreitungsgebiet des Krokusses ist der westliche Balkan und Italien. Besonders schöne Vorkommen finden sich in der Toskana.

Wie dieser Krokus nach Husum gekommen ist, wissen wir nicht. Gern wird erzählt, sie seien von den Mönchen aus dem Orient hierher gebracht worden, weil diese den gelben Blütenstaub für das Einfärben liturgischer Gewänder genutzt hätten. Wahrscheinlicher aber ist, daß sie unter den Herzoginwitwen, Augusta oder Marie Elisabeth, nach Husum kamen. Beide interessierten sich sehr für ihre Gärten und sammelten eifrig vor allem fremdartige und exotische Gewächse, die sie sich tatsächlich oft von weither senden ließen. Dabei gehörten Knollenpflanzen, wie etwa Krokusse, zur Grundausstattung eines jeden herrschaftlichen Gartens. Zu Italien, von wo der Krokus nunmehr zu stammen scheint, bestanden durchaus Beziehungen, außerdem war der Besuch des Landes unbedingter Bestandteil der Kavalierstour, die jeder Mann von „Stand", also auch die Herzöge, zu absolvieren hatte. Wahrscheinlich haben die Pflanzen dann die späteren Zeiten in irgendwelchen verwilderten Ecken überstanden und konnten sich erst nach der Umgestaltung des Parks in einen englischen Garten mit weiten Rasenflächen wieder ausdehnen. Heute werden sie systematisch gepflegt und der Rasen erst nach der Reife des Samens gemäht, so daß für seine Verbreitung gesorgt ist.

Das Husumer Schloß trägt seit alters den Namen „Schloß vor Husum". Auch wenn es heute nicht mehr außerhalb der alten Stadt liegt, hat es diesen Namen behalten. Zwei bedeutende Frauen wurden im Husumer Schloß geboren: die Malerin *Charlotte von Krogh* (1827–1914), die Tochter des Kammerherrn und Amtmanns von Krogh, und die Schriftstellerin *Franziska Gräfin zu Reventlow* (1871–1918), Tochter des ersten preußischen Landrats Ludwig Graf zu Reventlow. Einige Zeilen aus ihrem Roman „Ellen Olestjerne" über das Husumer Schloß, das sie Schloß „Nevershuus" nennt, sollen das Kapitel über dieses Bauwerk und seine Anlage beschließen:

„Es konnte noch immer einen melancholischen unheimlichen Eindruck machen, das alte Schloß, wenn die Herbststürme durch alle Kamine heulten wie geängstigte arme Seelen, oder wenn der Nebel vom Meer heraufstieg und alles in seine wogenden grauen Schleier einhüllte. Aber es hatte auch seinen Frühling und seinen Sommer, wo die Sonne alles Düstere aus den weiten hohen Räumen herausleuchtete, wo der reiche grüne Garten und die grauen Mauern blühten und drüben in der Ferne das Meer blau und schimmernd dalag..."

MUSEEN

Husum überrascht seine Besucher mit einer großen Anzahl an Museen, wie man sie selten in einer Stadt vergleichbarer Größenordnung findet. Die Palette reicht vom Nissenhaus – dem Nordfriesischen Museum –, über das Schloß (siehe dort), dem Stormhaus bis hin zum Ostenfelder Bauernhaus und dem Schiffahrtsmuseum.

Nissenhaus
Herzog-Adolf-Straße

Das größte der Husumer Museen und gleichzeitig der gesamten Westküste ist das Nissenhaus, das sich auch als Nordfriesisches Museum bezeichnet. Diese Einrichtung geht auf *Ludwig Nissen* zurück, der 1855 in Husum geboren wurde und in jungen Jahren in die Vereinigten Staaten von Amerika auswanderte. In einer Bilderbuchkarriere brachte er es tatsächlich vom Tellerwäscher zum wohlhabenden Diamantenhändler. Seine Frau Cathrine und er stifteten ihre Kunstsammlung und ihr Vermögen seiner Heimatstadt Husum zur Errichtung eines Hauses für die „Zwecke der Volksbildung". Es sollte nicht nur Museum und Kunstgalerie sein, sondern auch ein Theater und eine Bibliothek aufnehmen.

1924 wurde ein Wettbewerb für das Haus ausgeschrieben. Der Flensburger Architekt *Georg Rieve* erhielt den ersten Preis und den Auftrag, das Gebäude zu errichten. Im selben Jahr starb jedoch Ludwig Nissen, trotzdem liefen die Vorbereitungen zur Errichtung des Gebäudes weiter, und im Jahre 1934 konnte der Grundstein gelegt werden, die Eröffnung des ersten Bauabschnittes fand im Mai 1937 statt. Wichtige Abschnitte fehlten jedoch und sollten später errichtet werden. Der Zweite Weltkrieg und die Beschlagnahme des restlichen, noch in den Vereinigten Staaten belegenen Vermögens Nissens, das bis heute nicht freigegeben ist, verhinderten jedoch den geplanten Ausbau. Erst im Jahre 1986 konnte ein neuer Galerieflügel seiner Bestimmung übergeben werden. Architekt des Erweiterungsbaus war der in Husum geborene Dirk Wohlenberg aus Heidelberg.

Der Bau Rieves nimmt traditionelle Elemente deutscher Museums-Architektur auf. So erinnern die breite Freitreppe vor der Eingangsfront, aber auch die an das Pantheon in Rom gemahnende Rotunde im Innern an Schinkels „Altes Museum" in Berlin, während die drei Bögen der ein wenig wie das Westwerk eines romanischen Domes wirkenden Eingangsfront in dem Hochzeitsturm auf der Mathildenhöhe in Darmstadt ihr Vorbild gehabt haben dürften. Die charakteristischen Bögen werden so leitmotivisch empfunden für ein fortschrittliches Kunst- und Kulturzentrum.

Die Sammlungen des Nissenhauses sind ausgerichtet auf die Forschungsgebiete *Vor- und Frühgeschichte*, die *heimische Flora und Fauna*, aber auch die *Volkskunde Nordfrieslands*, die *Kultur- und Kunstgeschichte* der Landschaft sowie die *Husumer Stadtgeschichte*. In verschiedenen *Galerien* werden Werke alter und neuer Künstler Nordfrieslands gezeigt. Hier gilt die besondere Aufmerksamkeit den Malern *Richard von Hagn* (1850–1933), *Albert Johannsen* (1890–1975) und dem Bildhauer *Adolf Brütt* (1855–1939), der zu den geschätzten Künstlern der Zeit Wilhelms II. gehörte und von dem zahlreiche Werke in Deutschland, vor allem aber in Berlin erhalten sind. Besonders beliebt ist unter seinen Arbeiten der Husumer Marktbrunnen mit der populären Figur der „Tine". Alle drei Künstler standen in enger Beziehung zu ihrer Vaterstadt Husum.

Einen besonderen Schatz hütet das Nissenhaus in der Sammlung amerikanischer Maler des 19. und frühen 20. Jahrhunderts, der **Sammlung Ludwig Nissen**. Sie ist auf dem europäischen Kontinent einzigartig. Hier sind Arbeiten von Albert Bierstadt, Rosa Bonheur und Frederic Sackrider Remington, dessen berühmter „Bronco Buster" ebenfalls in Husum zu sehen ist, hervorzuheben. Einen Schwerpunkt nimmt das Schaffen des amerikanischen Impressionisten Joseph H. Bostons ein, der zur Künstlervereinigung der Brooklyn Ten gehörte und ein Freund Nissens war. Zu dem Vermächtnis des Stifters zählt auch die von ihm erworbene Sammlung der in Amerika gestorbenen Malerin und Lenbach-Schülerin Vilma Lwoff-Parlaghy (1863 in Ungarn – 1923 in New York) mit Werken europäischer Meister und zahlreichen eignen Arbeiten der Künstlerin.

Zum Nissen-Nachlaß gehört weiter eine Sammlung ostasiatischer Kunst verschiedener Jahrhunderte. Ferner besitzt das Nissenhaus zahlreiche Werke aus dem Nachlaß des Arztes und Kunstsammlers Dr. Wassily, unter anderem mit Arbeiten von Otto Modersohn und Paula Modersohn-Becker.

Schließlich ist das Nissenhaus eines der wenigen Museen in Deutschland, die sich mit dem Thema **Deichbau** und Schutz vor den vernichtenden Gewalten des Meeres beschäftigen. Zu den besonderen Sehenswürdigkeiten dieser Abteilung des Hauses gehört ein Stück rekonstruierten Deichs nach spätmittelalterlichem Bauprinzip, in dem Originalteile eines in der Nähe Husums freigelegten sogenannten Stackdeiches verwendet wurden.

Die Orientierung im Hause selbst wird durch eine klare Gliederung der Ausstellungen erleichtert. Im Erdgeschoß findet sich die Naturkunde, im Hauptgeschoß Landschafts- und Kulturgeschichte, während das Obergeschoß dem Volksleben, der Kunst und der Husumer Stadtgeschichte vorbehalten ist. Ein Besuch des Museums ist unerläßlich für das Verständnis von Natur, Kultur und Geschichte des nordfriesischen Raumes, für den alle drei Faktoren wie in kaum einer anderen Region Deutschlands in einem engen Ursachenzusammenhang stehen.

Stormhaus
Wasserreihe 31

Im September 1972 konnte die Theodor-Storm-Gesellschaft ein eigenes Haus für die Storm-Forschung in der Wasserreihe in Husum eröffnen. In diesem Gebäude wurde auch ein Storm-Museum eingerichtet, das kontinuierlich ausgebaut wird. Außerdem hat die Gesellschaft dort ihre Arbeitsräume und eine umfangreiche Bibliothek untergebracht, die nicht nur Ausgaben der Werke des Dichters umfaßt, sondern auch die für die Wissenschaft besonders wichtige Sekundärliteratur. Zudem besitzt die Gesellschaft, die sich mit dem Andenken Storms und der wissenschaftlichen Bearbeitung seines Werkes befaßt, eine große Anzahl von Manuskripten des Dichters. Da sich die Forschungstätigkeit der Gesellschaft nicht nur auf Storm allein bezieht, sondern auch seine Zeitgenossen und die Schriftsteller der Westküste umfaßt, entwickelt sich das Stormhaus in Husum allmählich zu einem umfassenden Literaturinstitut.

Das Haus in der Wasserreihe selbst wurde in den Jahren 1866 bis 1880 von Theodor Storm bewohnt. Dort entstand eine Reihe von Gedichten, Novellen und Erzählungen. Die Möglichkeit des Erwerbs des Hauses durch die Stadt Husum für die Zwecke der Storm- Gesellschaft stellte sich als ein besonderer Glücksfall dar, war doch das Gebäude seit dem Auszug des Dichters kaum verändert worden. Insbesondere blieb auch das Dichterzimmer, das sich in dem von Storm selbst errichteten Anbau befindet, so erhalten, wie er selbst es bauen ließ.

Das eigentliche Haus entstand um die Mitte des 18. Jahrhunderts als ein zwar großes, aber doch verhältnismäßig schlichtes Husumer Bürgerhaus. Aus dieser Zeit stammt im wesentlichen die Raumeinteilung, die ansprechende Treppe, die meisten Türen und das Paneel an einigen Wänden der Zimmer. Wie üblich, hatte das Gebäude einen Eingang zur Straße, an der Giebelseite. Dieser wurde im 19. Jahrhundert entfernt, als ein Gärtner, dem das Haus gehörte, auch das Nachbargrundstück erwarb und es abreißen ließ, um an seiner Stelle einen Garten anzulegen. Er verlegte den Hauseingang zur Gartenseite hin, so wie er auch heute noch vorhanden ist.

In mühsamer Arbeit hat die Storm-Gesellschaft das Innere das Hauses so wiederhergestellt und eingerichtet, als ob es der Dichter noch bewohnen würde. Auch der Garten hat wieder das Aussehen erhalten, das ihm Storm selbst gegeben hatte und das aus verschiedenen Quellen belegt ist. Haus und Garten lassen so die Atmosphäre lebendig werden, in der der Dichter lebte und aus der heraus er seine Werke schuf.

Ostenfelder Bauernhaus
Nordhusumer Straße

1899 entstand in Husum auf dem Gelände des Asmussen-Woldsenschen-Vermächtnisses an der Nordhusumer Straße das erste deutsche Freilichtmuseum durch die Versetzung eines alten Bauernhauses aus dem nahen Ostenfeld auf das damals noch sehr ländlich wirkende Grundstück im Nordwesten der Altstadt. Der Anlaß für dieses Unternehmen war das Bestreben, eines der bedeutenden niedersächsischen Hallenhäuser in der Nähe des ursprünglichen Aufstellungsortes zu erhalten, da damals die Gefahr eines Aufkaufs durch ausländische Museen bestand. Es war vor allem der Husumer Lehrer und Heimatforscher *Magnus Voß*, der das Haus rettete und für seinen Wiederaufbau in Husum sorgte.

Das niedersächsische Hallenhaus findet sich im gesamten niedersächsischen Raum. Mit dem Vorkommen dieses Haustyps im östlich von Husum auf dem Geestrücken liegenden Ostenfeld hatte es den nördlichsten Punkt seines Ausdehnungsbereichs erreicht. Der Eingang bei diesen Häusern liegt in der Mitte der Giebelseite zur Straße hin. Das Zentrum des Hauses ist im Innern der offene Herd. Er steht an der dem Eingang gegenüberliegenden Schmalseite der Lohdiele, an deren Längsseiten sich je eine Reihe von Dachständern befinden. Diese Ständer begrenzen gleichzeitig den Raum für das Vieh, das zwischen der Fläche der Diele und dem Außenmauerwerk seinen Platz hatte, dabei standen auf der einen Seite die Kühe und auf der anderen die Pferde. Die Diele war das Zentrum des landwirtschaftlichen Betriebes, soweit er im Innern des Hauses stattfand.

Mitte des 17. Jahrhunderts wurde das wohl um 1600 entstandene Haus erweitert. Hinter der Stirnwand entstand der Pesel, der abgetrennte Festraum des Hauses. Ganz „modern" wurde der Bau dann, als man 1789 noch eine Wohnstube nach Süden hin anbaute. Die Wände dieses „Döns" genannten Raumes wurden mit blauen und roten Fliesen ausgekleidet, die zusammen mit der reich geschnitzten Alkovenwand (eingebaute Betten) den Wohlstand des Bauern dokumentierten.

Die Einrichtung des Hauses spiegelt das Leben auf dem Lande bis zum Ende des vorigen Jahrhunderts wider, sie legt aber auch Zeugnis ab von dem hohen Stand der Volkskunst der damaligen Zeit in Schleswig-Holstein. Besonders auffällig ist der „Rotter Abendmahlsschrank" im Pesel des Hauses. Er wurde 1642 von dem Husumer Holzschnitzer Berend Cornelissen geschaffen und ist mit Darstellungen verschiedener biblischer Szenen und Tugendfiguren versehen, unter anderem des Heiligen Abendmahls, danach und nach dem Herkunftsort Rott bei Ostenfeld hat der Schrank seinen Namen erhalten.

Das Nordfriesische Schiffahrtsmuseum
Zingel

Das Nordfriesische Schiffahrtsmuseum ist das jüngste der Husumer Museen. Es wurde 1987 durch privates Mäzenatentum gegründet. Sein Ziel ist es, die Seefahrts- und die damit verbundene Wirtschaftsgeschichte des nordfriesischen Wattenmeeres darzustellen, wobei ein Schwerpunkt in der Darstellung der Lebens- und Arbeitsbedingungen der Seefahrer und ihrer Familien liegt.

Die Gründung eines Seefahrtsmuseums gerade in Husum lag nahe, weil diese Stadt eng mit der Seefahrt und dem Schiffbau verbunden ist, außerdem in Husum im Bereich des heutigen Außenhafens das älteste Bootsfragment der Welt gefunden wurde. Es handelt sich dabei um einen Spanten aus einem Rentiergeweih für ein Fellboot der Steinzeit, dessen Alter auf ca. 10000 Jahre geschätzt wird. Leider befindet sich dieses Teil nicht in Husum, sondern im Schiffahrtsmuseum Bremerhaven, jedoch hofft die Husumer Museumsleitung, eine Kopie erhalten zu können.

So ist denn eines der Themen des Schiffahrtsmuseum der Schiffbau, und zwar vom handwerklich gefertigten Holzschiff zum industriell hergestellten Stahlschiff. Ein Originalteil einer auf der Holzschiffswerft in Tönning für die Ausstellung gebauten Eiderschnigge dominiert die große Halle des ursprünglich als Reichsbankfiliale um die Jahrhundertwende gebauten Hauses, das auch in seinem Baustil an die Kaufmannshäuser alter Seestädte erinnern soll.

Die alte Husumer Schiffswerft lag ursprünglich auf dem Gelände gegenüber dem heutigen Schiffahrtsmuseum, dort wo sich heute das Neue Rathaus befindet. Auch ihre Geschichte ist, wie die anderer nordfriesischer Werften und kleinerer Schiffbaubetriebe, in diesem Museum dokumentiert. Daneben befaßt sich das Museum mit der Entwicklung der Häfen Nordfrieslands und der für den Schiffsverkehr so wichtigen Frage der Sicherung ihrer Zufahrten.

Auch der Walfang nimmt einen Teil der Ausstellungsfläche ein, da er vom 17. bis ins frühe 19. Jahrhundert für Nordfriesland von großer wirtschaftlicher Bedeutung war. Zum Teil wurden von den hiesigen Häfen aus Walfangschiffe ausgerüstet, vor allem aber verdingten sich viele Inselfriesen auf niederländischen Walfangschiffen und kamen so zu einem gewissen Wohlstand, von dem noch heute manches alte Haus vor allem auf den Inseln Föhr und Sylt zeugt.

Schiffsmodelle, alte Galionsfiguren und andere maritime Erinnerungsstücke runden die im Aufbau befindliche Sammlung des Husumer Schiffahrtsmuseums ab.

Der rapide Wandel in Industrie und Technik hat in den letzten Jahren das Augenmerk auch auf die Zeugnisse früher Technik lenken lassen, denen heute Denkmalwert beigemessen wird. Auch Husum weist eine Reihe solcher technischer Denkmäler auf, die zum Teil bereits unter Schutz gestellt worden sind oder aber Zeugnisse moderner Technologie darstellen und aus diesem Grunde Beachtung verdienen.

Osterhusumer Wassermühle und Mühlenteich
Mühlendamm

Vor den Toren der Stadt lag bis zum Jahre 1866 ein ausgedehntes Seengebiet mit dem Mühlenteich als Hauptgewässer und mehreren Oberteichen, die bis hinter die Ortschaft Ipernstedt östlich von Husum reichten. Dieses Teichsystem diente vor allem der Osterhusumer Wassermühle als Energiespender. Ein Teil der Staudämme ist erhalten geblieben, besonders eindrucksvoll der Husumer Mühlendamm zwischen der Osterhusumer Straße und der Mildstedter Landstraße. Von dem Damm aus hat man bis heute einen weiten Blick in die Niederung der Husumer Mühlenau, deren Tal allerdings durch die Umgehungsstraße zerschnitten wird. Die Brücke eines alten Überlaufs unmittelbar neben der Mildstedter Landstraße ist erhalten.

Die ehemals königliche Mühle soll bereits im 12. Jahrhundert angelegt worden sein, im 18. Jahrhundert gehörten zu ihr weitere vier und in der Mitte des 19. Jahrhunderts noch drei Windmühlen.

Das Gebäude der Wassermühle wurde im frühen

15. Jahrhundert von den Dithmarschern abgebrannt, darauf bezieht sich der folgende Büßervers:

De Watermöhle tho Husum brenneden wi af,
dar verworven wi Prys un Ere;
De Karke tho Mildstede brenneden wi af,
dat vergeve uns Gott der Herre.

Das heutige Gebäude der Osterhusumer Wassermühle wurde im Jahre 1587 durch Herzog Adolf errichtet und fällt durch große Granitquader im Sockelgeschoß auf. Spätere Umbauten haben das Erscheinungsbild des Hauses erheblich verändert. Im Innern sind Teile der alten Ausstattung erhalten. Technisch verfügte die Mühle über zwei oberschlächtige Wasserräder an der Südseite und sechs Mahlgänge. Die Wasserräder wurden 1850 durch zwei Turbinen ersetzt, die bis zur Trockenlegung des Mühlenteichs 1866 bestanden. Eine Dampfmühle bestand bis 1873, als auf das alte, zwischenzeitlich aufgestockte Gebäude die 1776 erbaute Klostermühle von Preetz (als Dachholländer mit breitem Zwickstell) gesetzt wurde. Diese Windmühle wurde 1924 wieder entfernt und steht heute auf Nordstrand-Süden.

Husumer Eisengießerei

Gut 100 Jahre bestand in Husum auf dem Gelände Neustadt 70 eine Eisengießerei. Sie wurde im Jahre 1852 gegründet. Das Werk stellte Bauwerksteile wie gußeiserne Fenster, Pfeiler und Säulen her, aber auch Pferdewagen und Maschinen vor allem für den landwirtschaftlichen Betrieb. Noch heute finden sich im Husumer Straßenbild Gullies und Kanaldeckel mit der Inschrift „Husumer Eisenwerk W Matz Husum". 1954 schloß das Werk seine Tore, weil es infolge des Strukturwandels nicht mehr konkurrenzfähig war. Die meisten Gebäude

der alten Husumer Eisengießerei mußten einem Hotel-
neubau („Theodor-Storm-Hotel") weichen, erhalten ist
das alte Ausstellungsgebäude an der Neustadt.

BAHNHÖFE

Der sogenannte englische Bahnhof
Poggenburgstraße

Der erste Husumer Bahnhof wurde im Jahre 1854 seiner
Bestimmung übergeben (errichtet nach Plänen des Kopenhagener Architekten Gottlieb Bindesbøll). Das
Empfangsgebäude ist hinter der Bebauung auf der Südseite der Poggenburgstraße erhalten. Der Bahnhof lag an
der Eisenbahnstrecke Flensburg–Tönning, die von 1852
bis 1854 von dem Engländer Samuel Morton Peto errichtet wurde. Die „Friedrich VII. Südschleswigsche Eisen-
bahngesellschaft" diente vor allem dem Viehexport nach
England. In Husum bestand ein Anschluß mit einer Pfer-
debahn zum Hafen. Über eine Verbindung von Ohr-
stedt-Bahnhof nach Rendsburg und weiter nach Neumünster konnte man von Husum auch nach Süden fah-
ren und Anschluß an das deutsche Eisenbahnnetz finden.

Der Marschbahnhof
Nordbahnhofstraße

Ab 1887 bestand dann für die Husumer die Möglichkeit,
Hamburg auch direkt über die neue Marschbahn zu
erreichen, die in diesem Jahr ihre Strecke bis zum dänischen Ribe ausgebaut hatte. Das Husumer Empfangsgebäude der Marschbahngesellschaft lag am Ende der heu-

148

tigen Nordbahnhofstraße und ist noch vorhanden, dient allerdings nicht mehr seinem ursprünglichen Zweck, da das Gebäude 1943 für den Verkehrsdienst geschlossen wurde. Es besteht aus einem zweigeschossigen Mittelrisalit mit flacher Dachneigung und zwei eingeschossigen Flügelbauten mit Rundbogenfenstern mit starkplastischer Ziegelsteinumrahmung; Gesimse und Blenden gliedern den kontrastreichen Bau aus rotem und gelbem Mauerwerk.

Die Lage des Empfangsgebäudes wurde maßgeblich von der Nähe des Viehmarktes bestimmt, der mit großen Viehtransporten einen wesentlichen Teil des Verkehrsaufkommens der Marschbahn bestimmte. Die ausgedehnten Gleisanlagen in der Nähe des Bahnhofes „Husum-Nord" wie der Bahnhof der Marschbahn später genannt wurde, sind heute weitgehend verschwunden wie auch der imposante Lokomotivschuppen und die weiteren Gebäude des Bahnbetriebwerks Husum. Im Jahre 1933 waren dort zusammen 39 Loks stationiert.

Der heutige Bahnhof von 1910
Herzog-Adolf-Straße

Im Jahre 1910 wurde der heutige Bahnhof errichtet (Empfangsgebäude 1911). Ein Neubau war notwendig geworden, nachdem eine neue Bahnlinie nach Rendsburg errichtet wurde und der veraltete Bahnhof von 1854 das gestiegene Verkehrsaufkommen nicht mehr bewältigen konnte. Der gesamte neu errichtete Gleiskörper wurde höhergelegt, so daß drei großzügig angelegte Bahnsteige durch einen Tunnel vom Empfangsgebäude aus erreicht werden können. Ein vierter Bahnsteig diente der nach dem Ersten Weltkrieg angelegten Flensburger Strecke. Zwei große Hallen in Stahlbauweise überdachen die Anlage. Das Empfangsgebäude ist zweigeschossig mit übergiebeltem Mittelrisalit in Formen des Heimatschutzes. Das Gebäude galt bei seiner Entstehung als positives Beispiel für die Abkehr vom Historismus der Gründerzeit und Orientierung an regionaltypischer Architektur (hier schleswig-holsteinische Herrenhäuser des 18. Jahrhunderts). Nach der Stillegung der Flensburger und Rendsburger Strecken nimmt der Bahnhof heute den Zugverkehr auf zwei modernisierten und verlängerten Bahnsteigen von und nach Hamburg und Westerland (Intercity-Verbindung), von und nach Kiel sowie von und nach St.Peter-Ording auf. Auf dem stillgelegten Bahnsteig ist alte Bahnsteigarchitektur der Entstehungszeit (Kiosk, Bänke, Warteraum, Zuganzeiger u. ä.) bewahrt worden. – Weitere technische Bauten, Wasserturm u. ä. sind verschwunden, erhalten ist ein Lokomotivschuppen mit Nebengebäuden und ausgedehnte Gleisanlagen ca. 800 m östlich des Empfangsgebäudes.

DER WASSERTURM
Neustadt/Ecke Parkstraße

Auf breitem, sich verjüngendem Schaft aus rotem Ziegelmauerwerk über auskragender Hohlkehle aus Beton befindet sich der alte Wasserbehälter, der eine mit Schiefer verkleidete Ummantelung besitzt, in die große Fenster eingelassen sind. Der Wasserbehälter nach dem System Intze hatte ein Fassungsvermögen von 300 cbm, der Durchmesser beträgt 9,00 m und liegt 22,5 m über dem Gelände. Nachdem der Turm nicht mehr in Gebrauch ist, kann er bestiegen und der Behälter betreten werden. Eingeschnitte Öffnungen ermöglichen einen weiten Blick über die Stadt, das umliegende Land und auf das Wattenmeer. Der Turm wurde 1891–92 nach

Entwurf des Architekten v. Gerlach unter Mitwirkung von K. Mühlke errichtet, die Datierung am Außenmauerwerk (1902) bezieht sich nicht auf das Datum der Fertigstellung (Rödel, Reclams Führer zu den Denkmalen der Industrie und Technik in Deutschland 1, Stuttgart 1992).

DER HAFEN

Der Husumer Hafen weist naturgemäß den größten Bestand technisch interessanter Bauten in Husum auf. Dazu gehören etwa die alten Speicherhäuser am Binnenhafen (2. Hälfte 19. Jahrhundert) und die Silos des Außenhafens. Der ständige Wandel in der modernen Technik bringt es jedoch mit sich, daß veraltete Anlagen immer wieder abgebaut werden müssen, um neuen Platz zu machen. Dennoch sind interessante Dokumente der technischen Entwicklung erhalten geblieben:

Die Slipanlage der alten Werft am Binnenhafen

Am östlichen Ende des Binnenhafens liegt auf der Südseite das Gelände der alten Husumer Schiffswerft. Die Slipanlage der Werft ist noch so vorhanden, wie sie bis zur Verlagerung des Schiffbaubetriebs an seinen neuen Standort am Außenhafen bestand. Die Anlage steht unter Denkmalschutz und bildet einen Teil der Außenanlagen des neuen Husumer Rathauses.

Es kann angenommen werden, daß bereits im 16. und 17. Jahrhundert Schiffszimmerleute hier ansässig waren, da Husum damals einen bedeutenden Hafen besaß, in dem jedenfalls Schiffe auch repariert werden mußten.

151

Lückenlos ist der Schiffbaubetrieb in Husum aber erst seit 1796, als sich hier der Schiffszimmermann Hans Bartel Detlef Paasch aus Altona ansiedelte, nachgewiesen. Die Werft hatte ein unterschiedliches Schicksal, ging schließlich in den Besitz der Stadt über und wurde nach dem Zweiten Weltkrieg von den Gebrüdern Kröger zu einem bedeutenden Unternehmen ausgebaut. Im Jahre 1977 wurde die neue Werft fertiggestellt und später der Betrieb im Binnenhafen eingestellt.

Die Kaimauern des Binnenhafens

Von bauhistorischem Rang, aber bemerkenswert auch wegen ihrer städtebaulichen Wirkung, die besonders bei Ebbe zutage tritt, sind die Kaimauern des Husumer Binnenhafens, die maßgeblich den Charakter des Hafenbeckens prägen. Der älteste Teil ist das Auslaufbauwerk der Zingelschleuse in der Form eines großen Tores. Ein Wappenmonogramm F VII und die Jahreszahl 1858 weisen hin auf die Zeit der Erbauung und den dänischen König Friedrich VII., unter dem die Anlage errichtet wurde. In den Jahren 1870/78 wurden die verfallenen hölzernen Bohlwerke an der Nord- und teilweise der Südseite des Hafens ersetzt durch die noch erhaltenen Schwergewichtsmauern und im westlichen Teil durch die gestalterisch sehr reizvollen Gewölbemauern, auf die man von der neuen Fußgängerbrücke den besten Blick hat. Auf der Südseite ist noch ein kleiner Rest hölzernen Bohlwerks erhalten.

Das Trockendock
des Amtes für Land- und Wasserwirtschaft
Dockkoogstraße

Auf der Nordseite des Außenhafens liegt westlich der
Siloanlagen der Bauhof mit dem Trockendock des
Amtes für Land- und Wasserwirtschaft. Bei diesem in
den Jahren 1874 bis 1877 entstandenen Trockendock
handelt es sich um die einzige Anlage dieser Art in den
norddeutschen Küstenländern, die vollständig erhalten
ist. Sowohl nach Konstruktion und Funktion wird das
Dock von Fachleuten als „einzigartiges technisches Kul-
turdenkmal" eingestuft, das deswegen auch unter Denkmalschutz gestellt wurde. Das Dock wurde zusammen
mit den Gebäuden des Bauhofes errichtet für die Unter-
haltung und Reparatur der Bagger, Schlepper, Schuten
und weiterer Dienstfahrzeuge der Hafenverwaltung und
später der für das Deichwesen an der nordfriesischen
Küste zuständigen Behörde. Die Gebäude des Bauhofes,
die aus der gleichen Zeit stammen, gelten ebenfalls als
bemerkenswertes historisch-technisches Ensemble, von
denen es in dieser Geschlossenheit nur noch sehr wenige
Beispiele gibt. Die Anlage wird restauriert werden, soll
aber in ihrer Funktion erhalten bleiben, damit sie weiterhin ihrem ursprünglichen Zweck dienen kann.

Der Dockkoog

Zu den großen technischen Denkmälern Husums gehört
der Dockkoog, auch wenn er als solches auf den ersten
Blick nicht erkenntlich ist. Jeder Koog stellt ein künstlich
geschaffenes Landgebiet dar, das üblicherweise aus
Gründen des Küstenschutzes oder der landwirtschaftlichen Nutzung dem Meer entnommen wurde, nachdem

umfangreiche Landgewinnungsmaßnahmen für seine Eindeichungsreife gesorgt hatten. Solche Landgewinnungsmaßnahmen sind allenthalben an der Wattenmeerküste vorzufinden und bestehen aus einem System von Gräben und sogenannten Lahnungen, die aus zwei niedrigen, eng zusammenstehenden Pfahlreihen gebildet werden, deren Zwischenräume durch Bündel aus Tannenreisig – Faschinen – verfüllt sind. In den durch die Lahnungen gebildeten Feldern, die sich vor den Deichen weit in das Meer erstrecken, haben die im Meerwasser enthaltenen Sinkstoffe Gelegenheit, sich bei jedem Hochwasser abzusetzen, weil die Faschinenzäune zu einer Beruhigung der See führen. Dadurch wird auf den nur bei Flut mit Wasser bedeckten Watten jedesmal eine kleine Schicht Sedimente aufgetragen.

Unter den Kögen stellt der Dockkoog eine Ausnahme dar. Seine Eindeichung ohne die übliche vorherige Landgewinnung erfolgte in den Jahren 1847 bis 1848 in der Verfolgung eines ehrgeizigen Hafenprojektes, das seit 1842 geplant und ab 1846 begonnen wurde. Dieser Plan sah die Anlage eines großen Hafenbeckens im Bereich des Porrenkooges vor, das mit einem Kanal durch den dafür angelegten Dockkoog mit der See verbunden werden sollte. In der noch vorhandenen, aber heute nur mit einem Sommerdeich versehenen Dockkoogspitze sollte eine große Kammerschleuse ihren Platz finden. Die schleswig-holsteinische Erhebung von 1848 machte diese Pläne zunichte. Lediglich die Eindeichungsmaßnahmen für den Koog konnten beendet und der alte Hafen in bescheidenem Umfang ausgebaut werden. Der Koog selbst wird seither im wesentlichen nur noch für landwirtschaftliche Zwecke und in einem bescheidenem Umfang für den Fremdenverkehr genutzt. Die Dockkoogspitze selbst stellt den „grünen" Strand der Stadt Husum dar und dient dem sommerlichen Badevergnügen.

154

Die schleswig-holsteinische Erhebung von 1848 hatte den Ausbau Husums als großen Westküstenhafen verhindert. Das Projekt war aber in Kopenhagen nicht in Vergessenheit geraten, und die dänische Regierung suchte nach dem verlorenen Krieg von 1864 und der Abtrennung Schleswig-Holsteins nach einem Ersatzort für das Husumer Projekt, den sie in dem damals völlig unbedeutenden Dorf Esbjerg fand. Heute stellt Esbjerg den größten Hafen an der dänischen Westküste dar.

Der Windpark der Husumer Stadtwerke
Südermarsch

Obwohl jüngeren Datums, gehört der Windpark der Husumer Stadtwerke in der Südermarsch südwestlich der hart zur Marsch hin abgegrenzten Stadt zu den augenfälligsten technischen Bauten Husums und ist von der Bahn und der Umgehungsstraße aus bereits kilometerweit sichtbar. Der Windpark besteht aus 15 Windkraftanlagen, und zwar acht Anlagen der Husumer Schiffswerft mit 27,3 Metern Turmhöhe und sieben der Firma Tacke, deren Turmhöhe jeweils 54,0 Meter betragen. Die Leistung der einzelnen Anlagen beläuft sich auf 250 kW. Der Windpark deckt dabei 8 % des Husumer Stromverbrauchs. Umgerechnet auf ein Steinkohlekraftwerk werden durch den Windpark jährlich 2,1 Mio kg Kohlendioxid, 2100 kg Schwefeldioxid, 1400 kg Stickstoffoxide und 140 kg Staub eingespart und zusätzlich 645 t Steinkohle. Die Stadtwerke Husum und damit die Stadt Husum leisten auf diese Weise einen Beitrag in der Anwendung und Entwicklung umweltfreundlicher Technologien.

Husum hat zu keiner Zeit ein festes Theater-Ensemble besessen, es ist aber nachgewiesen, daß schon seit Jahrhunderten in Husum Theater gespielt wurde. So benutzte man den Rathaussaal als Spielstätte oder auch den kleinen Saal des Schützenhofes in der Süderstraße. Später diente die „Centralhalle" am Markt gegenüber der Nordseite der Kirche als Theater, dann der große Saal der Gaststätte „Hensens Garten" in der Nordbahnhofstraße, der in den 50er Jahren des 20. Jahrhunderts zum „Stadttheater" umgebaut wurde, im wesentlichen jedoch als Kino diente. Jetzt steht an seiner Stelle ein Hochhaus.

Aufführungsort für Theateraufführungen ist heute die **Kongreßhalle** am Erichsenweg. In ihr werden aber auch andere Veranstaltungen wie Konzerte, Kongresse oder festliche Bälle abgehalten. Ein anhebbarer Fußboden sorgt dafür, daß bei Theateraufführungen die Bühne von jedem Platz gut sichtbar ist. Je nach Bestuhlung faßt die Halle bis zu 1000 Zuschauer. Im Foyer der Kongreßhalle befindet sich eine Porträtplastik des Erbauers der Halle und des angrenzenden ehemaligen Parkhotels Thordsen, Johannes Thordsen. Die Plastik ist ein Werk des bedeutenden Bildhauers *Gustav Seitz* (1909–1969).

Bespielt wird die Bühne der Kongreßhalle vom Landestheater Schleswig-Holstein – Ein- bis Dreispartentheater mit Sitzen in Flensburg, Schleswig und Rendsburg – sowie von zahlreichen nationalen und internationalen Tourneetheatern.

Die Kongreßhalle wird vom Schleswig-Holstein-Musikfestival genutzt, das auch gern Konzerte in der **Marienkirche** zu Gehör bringt, ein Ort ohnehin intensiver Musiktradition und -pflege in Husum. Die Kirchenmusik hatte immer schon in Husum einen hohen Rang eingenommen, der von Namen wie Matthias Ebio und Nikolaus Bruhns geprägt wird (s. Kleines Lexikon berühmter Husumer). Bis heute fühlt sich die Kirchengemeinde dieser Geschichte verpflichtet und trägt durch die sommerlichen Kirchenkonzerte und Aufführungen großer Werke in der Marienkirche zum reichen kulturellen Angebot der Storm-Stadt bei. Husum ist die Heimat mehrerer großer Chöre.

Im Bau des **Husum Hus** auf der Neustadt verfügt Husum über einen zweiten Theatersaal. Dieses Gebäude wurde hauptsächlich für die kulturellen Veranstaltungen der dänischen Volksgruppe konzipiert, dabei wurde Wert auf eine theatergerechte Atmosphäre des Raumes und Bespielbarkeit der Bühne gelegt. Warme Holztöne und die Farbe des roten Ziegelmauerwerks bestimmen den hohen Innenraum des von dem Kopenhagener Architekten Karsten Rønnow erbauten Hauses. Husum Hus steht aber nicht nur der dänischen Volksgruppe zur Verfügung, sondern wird von vielen Husumer Vereinen und Organisationen genutzt und hat sich wegen der glücklichen Größe der Räumlichkeiten als Kulturzentrum für die ganze Stadt entwickelt.

Nicht wegzudenken aus der Husumer Kulturszene ist der **Speicher** am Binnenhafen, ein soziokulturelles Zentrum, mit großer Bedeutung für die gesamte Westküste.

Husum verfügt außerdem über eine erstaunlich reichhaltige Kinolandschaft mit einem **Kinocenter** auf der Neustadt mit fünf Kinosälen und einem weiteren Kino im Ortsteil Rödemis.

Husum kann außerdem stolz auf zwei eigene kleine **Festivals** verweisen: Die Pole-Poppenspäler-Tage im September und die Klavierraritäten im August. Die Pole-Poppenspäler-Tage sind ein Figurentheater-Festival mit zahlreichen Aufführungen verschiedener Bühnen des In- und Auslandes, das sich einen hervorragenden Ruf erarbeitet hat und mit seinem Namen an die berühmte Novelle von Theodor Storm erinnert, in der das Figurentheater eine zentrale Rolle spielt. Das Festival der Klavierraritäten bringt während einer Woche jeden Abend unbekanntere, aber bedeutende Werke der Klavierliteratur im Rittersaal des Schlosses durch international hervorragende Interpreten zur Aufführung. Es gilt in der entsprechenden „Szene" als Geheimtip.

KREISVERWALTUNG

Husums Bedeutung für sein Umland liegt vor allem auf dem „tertiären Sektor", das heißt auf dem Gebiet der Dienstleistungen. Dabei kommt der Kreisverwaltung ein besonderer Rang zu.

Wie lange es schon eine Verwaltung des ländlichen Umlandes in Husum gibt, ist etwas unklar. Zunächst wurde das Husumer Land von Gottorf aus verwaltet. Noch aus einer Urkunde aus dem Jahre 1603 geht hervor, daß die rechtliche Oberaufsicht beim Gottorfer Amtmann lag. 1609 dagegen gab es das Amt Husum bereits, denn in einem Dokument vom 20. Oktober 1609 wird Herzogin Augusta als Inhaberin des Amtes erwähnt. Sie verwaltete das Amt selbst, unterstützt von ihrem Kammersekretär Marcus Lüders. Später erhielt Lüders die Oberinspektion über das Amt, nicht jedoch den Titel eines Amtmannes. Unter Herzogin Marie Elisabeth wurde nach Marcus Lüders 1642 Ludwig von Ascheberg zum ersten Amtmann ernannt.

Ascheberg wird wie Lüders auch auf dem Amtshaus gegenüber dem Schloß seine Amtsverwaltung eingerichtet haben. Die letzten Gottorfer Amtmänner kauften übrigens die Stelle und erhoben deswegen empfindliche Abgaben von ihren „Untertanen".

Nach dem Nordischen Krieg wurde l713 Christian von Sehestedt der erste vom dänischen König eingesetzte Amtmann.

Später übernahmen die Husumer Amtmänner auch die Würde eines Oberstallers von Eiderstedt, und 1799 wurden die Ämter Husum und Bredstedt unter einem Amtmann mit dem Sitz in Husum vereinigt. Die Justizverwaltung blieb aber in den Händen zweier Landvögte getrennt.

Letzter dänischer Amtmann war der Kammerherr W. Johannsen. lhm folgte zunächst der schleswig-holsteinisch gesinnte Amtmann Thomsen, der jedoch bald sein Amt niederlegte, da er gegen die preußische Annexionspolitik eingestellt war. 1865 berief der preußische König Graf Ludwig von Reventlow zum neuen Amtmann, den Vater der Schriftstellerin Franziska von Reventlow, die 1871 auf dem Schloß geboren wurde. Zunächst respektierten die Preußen die alte Verwaltungs- und Gerichtsordnung in den Herzogtümern. Doch mit „Allerhöchster Proklamation"' vom 19. Januar 1867 wurde die Einverleibung der Herzogtümer in das Königreich Preußen bekanntgegeben und damit schließlich aus den alten Ämtern preußische Kreise geschaffen, aus den Amtmännern wurden Landräte. Äußerlich änderte sich damit für Husum nicht viel. Die Kreisverwaltung blieb weiterhin im Schloß und ebenso die Wohnung des Landrates. Das blieb auch so, als nach dem Zweiten Weltkrieg der Freistaat Preußen aufgelöst wurde und das Land Schleswig-Holstein entstand. Der einzige Unterschied: im Laufe der Zeit wurde die Verwaltung immer umfangreicher und das Schloß allmählich viel zu klein.

Als schließlich 1970 die Kreise Südtondern, Husum

und Eiderstedt zu einem Kreis Nordfriesland zusammengeschlossen wurden, mußte man ein neues Kreishaus bauen. In dem 1971–72 entstandenen Gebäude haben nicht nur die zahlreichen Dienststellen der Kreisverwaltung Platz gefunden, sondern auch die Selbstverwaltung. Im flachen Trakt zur Marktstraße hin befinden sich die Sitzungssäle der verschiedenen Ausschüsse, während der Kreistag in dem großen, architektonisch besonders betonten Ecksaal tagt.

DAS GERICHT

Im Gerichtsgebäude an der Theodor-Storm-Straße, das am 2. Juli 1907 eingeweiht wurde, ist heute das Amtsgericht mit dem Familiengericht untergebracht. Die Geschichte des Amtsgerichts begann mit der Einverleibung der Herzogtümer in das Königreich Preußen. Damals wurden nicht nur das Landratsamt eingerichtet, sondern auch die alten Gerichte aufgelöst und 1868 das erste Amtsgericht in Husum geschaffen.

Zunächst mietete das Gericht Räume in verschiedenen Häusern der Stadt an, dann zog es 1872 in den Südflügel des Schlosses. 1896 kam der Amtsgerichtsbezirk Pellworm und 1902 Nordstrand hinzu. Diese Vergrößerung führte zum Neubau des Amtsgerichts in der Theodor-Storm-Straße. Mit einem Gefängnistrakt hinter dem Hauptbau blieb das Husumer Gericht fast unverändert erhalten, bis eine erneute Verwaltungs- und Gerichtsreform, die auch zur Schaffung des Kreises Nordfriesland führte, ebenfalls die Gerichtsbezirke neu schnitt. Die Amtsgerichte in Tönning, Friedrichstadt und Bredstedt wurden aufgelöst und der Husumer Bezirk um diese erweitert. Das machte nach fast siebzig Jahren eine erhebliche Erweiterung des Gebäudes notwendig.

1973 wurde das Gefängnis, das zwischen dem Altbau und der Kongreßhalle lag, abgerissen und am 14. März 1974 der Grundstein für den Neubautrakt gelegt. Am 21. September 1976 konnte der Neubau und der gründlich renovierte Altbau durch den Landesjustizminister eingeweiht werden.

Der Altbau des Husumer Gerichtsgebäudes stellt ein interessantes Dokument der Baukunst um 1900 dar. Es zählt zu der „zweiten Generation" von Neubauten preußischer Amtsgerichte. Die ersten neu errichteten Gebäude entstanden in den siebziger Jahren des vorigen Jahrhunderts und weisen den aufwendigen Stil dieser Zeit auf, während die zweite Generation nach 1900 wesentlich schlichter ist und mehr Gewicht auf heimische und einfachere Formen legte.

So wählte man dann auch für den Neubau in Husum Formen der Renaissance, wie man sie an alten Bauten im niederdeutschen Raum findet. Das sandsteinerne Portal ist mit den Symbolen der Gerechtigkeit geschmückt, sandsteinernen Schmuck findet man auch bei den Fensterumrahmungen und an den Giebeln.

Im Innern ist der alte Sitzungssaal mit seinen Möbeln in friesischen Farben völlig erhalten geblieben. Er stellt einen besonderen Schmuck des Hauses dar. In diesem Saal hängt ein großes Foto des ersten Husumer Amtsrichters Theodor Storm. Architekt des Altbautrakts war der Geheime Oberbaurat Thömer im Berliner Ministerium der öffentlichen Arbeiten.

Auch der durchaus ansprechende Neubau ist nicht gänzlich schmucklos geblieben: In der westlichen Eingangshalle wurde ein abstraktes Mosaik des Malers und Bildhauers *Ernst Günter Hansing* angebracht. Dieses Mosaik schuf Hansing für das Bredstedter Amtsgericht, es kam bei dessen Auflösung nach Husum.

BIBLIOTHEKEN

Die Stadt verfügt über eine Reihe von Archiven und Bibliotheken, die oft einen sehr speziellen Charakter haben. Die größte Bibliothek ist die **Zentralbücherei Westküste**, Herzog-Adolf-Straße 5 (Telefon 2335), sie ist die eigentliche öffentliche Bücherei Husums. Dort findet der Leser eine große Zahl von Spezial- und Fachbüchern, aber auch Unterhaltungsliteratur. Der Besucher kann im Bibliothekssaal lesen, außerdem steht ihm eine große Zeitschriftenabteilung mit allen Neuerscheinungen zur Verfügung.

Weitere Bibiotheken und Archive:

Dänische Bibliothek, Neustadt 81, Telefon 2292

Bibliothek des Kreisarchivs, Schloß vor Husum (heimatkundliche Literatur, allgemeine geschichtliche Literatur, Zeitungsarchiv), Telefon 67580

Kirchenarchiv (Benutzung über Propsteirentamt möglich)

Bibliothek und Archiv des Nissenhauses, Nissenhaus, Herzog-Adolf-Straße 25 (heimatkundliche Werke und Fachliteratur entsprechend den Aufgabengebieten des Museums), Telefon 2545

Stadtarchiv, über das Kreisarchiv benutzbar

Bibliothek der Stormgesellschaft, Storm-Haus, Wasserreihe 31 (Stormforschung pp.), Telefon 666270

Bibliothek und Archiv des Instituts für Zeitgeschichtliche Studien, Flensburger Chaussee 80c, Telefon 71158

KLEINES LEXIKON
BEDEUTENDER HUSUMER

Beseler, Georg, geb. 2. 11. 1809 in Rödemis, gest. 28. 8. 1888 in Harzburg, bedeutender Jurist, einer der Väter der Paulskirchen-Verfassung von 1848.

Beseler, Wilhelm Hartwig, geb. 2. 3. 1806 Schloß Marienhausen, gest. 2. 9. 1884 in Bonn, Führer der schleswig-holsteinischen Bewegung, Präsident der provisorischen Regierung (1848), wuchs in Rödemis auf, beerdigt in Mildstedt bei Husum (Bruder Georg Beselers).

Böhme, Margarethe, geb. 1869 in Husum, Schriftstellerin, schuf eine Vielzahl von Romanen, bekanntestes Werk „Tagebuch einer Verlorenen", löste bei seinem Erscheinen einen Skandal aus.

Bruhns, Nikolaus, geb. im Advent 1665 in Schwabstedt, gest. 29. 3. 1697 in Husum, bedeutender Komponist kirchenmusikalischer Werke (Orgelwerke und Kantaten) Schüler Buxtehudes, Organist an St. Marien in Husum.

Brüggemann, Hans, geb. um 1480, gest. um 1540 in Husum (?), Anfang des 16. Jahrhunderts in Husum nachgewiesen, bedeutendste Werke: Bordesholmer Altar (Schleswig, Dom), Sankt Jürgen aus der Husumer Marienkirche (Kopenhagen, Nationalmuseum).

Brütt, Adolf, geb. 10. 5. 1855 in Husum, gest. 1939 in Bad Berka, Thüringen, bedeutender Bildhauer der Kaiserzeit (Marktbrunnen und Storm-Denkmal in Husum; Reiterstandbild Kaiser Wilhelms I. in Kiel; Schwertträgerbrunnen, Kiel; Denkmäler in der Berliner Siegesallee u. v. a.).

Bussert?, Martin (Morten), geb. vor 1500 (?) vermutlich in Husum, gest. 1553 in Kopenhagen, Bildhauer, kgl. dänischer Baumeister. Kauft 1529 Herrenhaus am Markt, das er 1543 wieder verkauft. Wird 1529 als kgl. dänischer Baumeister und Bildhauer erwähnt. Gilt als Schöpfer des Herrenhaustyps der Renaissance, schuf außerdem zahlreiche Grabdenkmäler.

Danckwerth, Caspar, geb. 1605 in Oldenswort, gest. 25. 1. 1672 in Husum, 1641 Bürgermeister von Husum, gab 1652 eine Beschreibung der Herzogtümer Schleswig und Holstein heraus, die das Kartenwerk → Johannes Mejers enthielt, einmaliges Werk für die damalige Zeit.

Ebio, Matthias, geb. 1591 in Husum, gest. 1676 dort, Kantor, Komponist, erhaltenes Werk „Steh auf meine Freundin" (Brautlied für Thomas Selle), galt als produktiver Komponist von bedeutendem Können, außerdem Musiktheoretiker.

Forchhammer, Johann Georg, geb. 26. 7. 1794 in Husum, gest. 14. 12. 1865 in Kopenhagen, Naturwissenschaftler, Professor, Direktor des naturwissenschaftlichen Museums in Kopenhagen, Mitbegründer der Paläanthropologie.

Forchhammer, Peter Wilhelm (Bruder von J. G.), geb. 13. 10. 1801 in Husum, gest. 9. 1. 1894 in Kiel, Altertumsforscher, Altphilologe, Prof. in Kiel, Begründer der Antiken-Sammlung der Kieler Kunsthalle.

Hagn, Richard von, geb. 21. 3. 1850 in Husum, gest. 13. 12. 1933 in Dresden, Maler, hauptsächlich Landschaften, lebte vor allem in Dresden, jährliche Besuche in Husum (wanderte von Deutschland nach Venedig zum Studienaufenthalt), Großteil seiner Werke im Nissenhaus.

Johannsen, Albert, geb. 21. 3. 1890 in Husum, gest. 23. 1. 1975 dort, Maler, Ausbildung in Dresden, Weimar und Kassel, Landschaften, Porträts, Interieurs. Großteil seiner Werke im Nissenhaus.

Keck, Karl Heinrich, geb. 1824, gest. 1895, Direktor des Husumer Gymnasiums von 1870–1887, Herausgeber der Zeitschrift „Deutsches Literaturblatt", trat auch als Dichter hervor unter dem Pseudonym „Karl Heinrich", am bekanntesten war die Idylle „Anna", sowie Sammlung deutscher Heldensagen „Iduna".

Krogh, Charlotte v., geb. 4. 2. 1827 auf dem Schlosse vor Husum, gest. 25. 11. 1913 in Hadersleben, Ausbildung in Düsseldorf und Karlsruhe, lebte später in Nordschleswig.

Laurenti, Laurentius (Lorenz Lorenzen), geb. 1660 in Husum, gest. 1722 in Bremen, Kantor und Musikdirektor am Bremer Dom (ab 1684).

Matthiesen, Broder, geb. ?, gest. 1666 in Husum, Husumer Hofmaler, außerdem Hofmaler am Berliner Hof, verantwortlich für die kurfürstliche Bildersammlung, Bauinspektor der Herzogin Marie Elisabeth, schuf Radierungen, Werke in nordeurop. Museen.

Mejer, Johannes, geb. 12. 10. 1606 in Husum, begr. 10. 6. 1674 in Husum, Kartograph und Mathematiker, verfertigte für die damalige Zeit außergewöhnlich exakte Karten, die noch heute von großer Bedeutung sind, zum königl.-dänischen Mathematikus ernannt (→ Danckwerth).

Ochs, Hans, geb. um 1590 in Husum, gest. 2. Hälfte 17. Jh. in Stockholm, bedeutender Bildhauer, Ausbildung in Florenz, tätig am schwedischen Hof, wenige erhaltene Werke (Kopenhagen, Frederiksborg).

Petersen, Albert, Schriftsteller, geb. 24. 8. 1883 in Husum, gest. 28. 6. 1943 (Luftangriff), seine zahlreichen Romane spielen im niederdt. Raum („Arnold Amsinck", „Der junge Perthes", „Perthes der Mann", „Juan Heldt").

Petersen, Hans von, geb. 1850 in Husum, gest. 18. 6. 1914 in München, Ausbildung in Düsseldorf, London, Paris, seit 1885 in München, berühmter Marinemaler des Kaiserreiches.

Petersen, Matthias, geb. 1614, gest. 1676 (Husum), Goldschmied und Kupferstecher, schuf div. Porträt-Kupferstiche und mit seinem Bruder Nicolaus (1622 bis 1705) 40 Karten für Mejer-Danckwerths Landesbeschreibung, außerdem silberne Wasserkunst als Tafelaufsatz für das Schloß.

Petersen, Richard, geb. 14. 8. l865 in Garding, gest. 1946, wuchs in Husum auf (Sohn des Lehrers Sönke P. von 1867–1901 in Husum), Prof. an der Techn. Hochschule Berlin und Danzig, Erbauer der Wuppertaler Schwebebahn.

Reventlow, Franziska Gräfin zu, geb. 18. 5. 1871 auf dem Schloß vor Husum, gest. 25. 7. 1918 in Locarno, Schriftstellerin, gehörte zu den hervorragenden Erscheinungen der Münchner Boheme um 1900, Skizzen, Romane („Herrn Dames Aufzeichnungen", „Von Paul zu Pedro", „Der Geldkomplex", Briefe, Tagebücher).

Schücking, Lothar Engelbert, geb. 30. 4. 1873 in Wollin/Pommern, gest. 1943 in Sassenberg/Münsterland, Bürgermeister Husums von 1903–1908, gab während der Husumer Amtszeit das Werk heraus: „Die Reaktion in der inneren Verwaltung Preußens". Es führte zu einem öffentlichen Skandal und der Entfernung aus dem Amt.

Stemann, Ernst von, geb. 14. 3. 1802 in Husum, gest. 14. 3. 1876 in Kopenhagen. Jurist und Politiker, Oberster Richter der Herzogtümer, seine Bedeutung liegt in seiner rechtswissenschaftlichen Tätigkeit, Hauptwerk „Geschichte des öffentlichen und Privatrechts des Herzogtums Schleswig".

Theodor Storm
nach einem Linolschnitt von Albert Johannsen

Storm, Theodor, geb. 14. 9. 1817 in Husum, gest. 4. 7. 1888 in Hademarschen, Dichter, schuf Novellen, Lyrik, bedeutendstes Werk „Der Schimmelreiter", seine zahlreichen Werke wurden in die meisten Sprachen übersetzt; Mitglieder der Storm-Gesellschaft finden sich in aller Welt, Storm-Museum: Wasserreihe 31.

Sunde, Hans-Nicolay, geb. 1823, gest. 1864 in Husum, Ausbildung in Düsseldorf, Porträts, Stilleben (Vorbild für den Maler in Storms Novelle „Eine Malerarbeit").

Tast, Hermann, geb. um 1490 in Husum, gest. 1551 ebenda, Reformator, er führte als erster die Reformation in den Herzogtümern Schleswig und Holstein ein, die in Husum bereits 1527 abgeschlossen werden konnte.

Tönnies, Ferdinand, geb. 26. 7. 1885 bei Oldenswort, gest. 11. 4. 1936 in Kiel, Begründer der dt. Soziologie, Hauptwerk „Gemeinschaft und Gesellschaft", 1887, wuchs in Husum auf (Kavalierhaus beim Schloß, heißt danach auch Tönnies-Haus).

Vogt, Oskar, geb. 1870 in Husum, gest. 1959 in Neustadt/Schwarzwald, Mediziner trat vor allem als Hirnforscher hervor, untersuchte Gehirn Lenins.

Wedderkopp, Magnus, geb. 26. 10. 1637 in Husum, gest. 16. 1. 1721 in Hamburg, Staatsmann, einer der wichtigsten Politiker des Herzotums Gottorf, Professor der Rechte in Kiel.

Würtz, Paul, geb. 1613 in Husum, gest. 24. 3. 1676 in Hamburg, Generalleutnant von Schweden, Gouverneur von Stettin, dän. Generalfeldmarschall, Statthalter von Holstein, Feldmarschall der Vereinigten Niederlande, beigesetzt in Amsterdam.

Zinck, Bendix Friedrich, getauft 8. 3. 1743 in Husum, gest. 23. Juli 1801 in Ludwigslust, Komponist (Vater Stadtmusikant in Husum, einige Werke erhalten), trat 1767 in die Ludwigsluster Hofkapelle ein; Schüler C.

Marienkirche (neu)

Marienkirche Husum 1833–1983, Schriften des Kreisarchivs Nordfriesland, Nr. 7, mit Beiträgen von Johannes Henningsen, Ulf Dietrich v. Hielmcrone und Paul Zubek, Husum 1983

Marienkirche (alt)

Appuhn, Horst, St. Marien in Husum, Schriften des Nissenhauses, Nr. 2, Husum 1953

Asmussen-Woldsen-Brunnen (Tine)

Riewerts, Brar V., Ein Denkmal für Husum: 80 Jahre Tine-Brunnen, Husum 1982

Altes Rathaus

v. Hielmcrone, Ulf Dietrich, Das Husumer Rathaus von 1601, in: Beiträge zur Husumer Stadtgeschichte, Nr. 1, 1988, S. 77ff.

Andere Bauten und Einrichtungen

Meyer, Karl-Heinz, Der Husumer Viehmarkt, Husum 1994

Bock, Hans, Die Marschbahn, Heide 1989

Theodor Storm und Storm-Haus
(kleine Auswahl)

Eversberg, Gerd, Storm-Haus, Zeitschrift Museum, Braunschweig 1992

Laage, Karl-Ernst, Theodor Storm, Leben und Werk, Husum 1986

Laage, Karl-Ernst, Theodor Storms Welt in Bildern, Heide 1995

Bollenbeck, Georg, Theodor Storm, eine Biographie, Frankfurt/Main 1988

Zur Landesgeschichte

Degn, Christian, Schleswig-Holstein, eine Landesgeschichte, Neumünster 1994

ADRESSEN UND INFORMATIONEN

AUSKUNFT
Tourist Information der Stadt Husum
Historisches Rathaus (1a, C3), Großstraße 27,
Telefon 89870
mit zentraler Zimmervermittlung.

Nordseebäderverband Schleswig-Holstein e. V.
Parkstraße 7, Telefon 89750.

Deutsche Bundesbahn, Poggenburgstraße,
Telefon 1 94 19.

AUSFLÜGE
Stadtführungen, Busfahrten und Führungen durch den
Windenergiepark: bei Tourist Information erfragen.

Hallig-, Insel- und Helgolandfahrten: Firma Wilhelm E.
F. Schmidt, Am Außenhafen, Telefon 20 14–16.

Busfahrten und -reisen: Grunert-Reisen, Siemensstraße 7,
Telefon 787–0;
Firma Rohde, Ringstraße 3–9, Telefon 690–0.

EINE AUSWAHL EMPFEHLENSWERTER
HOTELS UND RESTAURANTS/CAFÉS
Hotels
Theodor-Storm-Hotel, Neustadt 60–64,
Telefon 89 66–0.
Thomas Hotel und Gästehaus – Restaurant, Café und
Tanz-Pub, Zingel 7–9, Telefon 60 87.
Nordseehotel, Dockkoog, Telefon 50 21–22.
Hotel am Schloßpark, Hinter der Neustadt 76–86,
Telefon 20 22–23.
Hotel *„Zur grauen Stadt am Meer"*, Am Hafen,
Telefon 22 36.

Hotel-Restaurant-Golfhotel *„Rosenburg"*,
Schleswiger Chaussee 65, Telefon 7 23 08.
Hotel *Osterkrug*, Osterende 56, Telefon 28 85.
Lundenbergsand. Hotel – Restaurant – Cafe,
Simonsberg bei Husum, Telefon 43 57.
Hotel-Restaurant *„Windrose"*, Hafenstraße 3,
Telefon 20 41.
Hotel-Restaurant *Arlauschleuse*, Hattstedter Marsch,
Telefon 366.
Hotel *Hinrichsen*, Süderstraße 35, Telefon 5051.

Restaurants / Cafés

Restaurant *Alte Eisengießerei* und *Husums Brauhaus*,
Neustadt 60–66, Telefon 89 66–0.
Ratskeller, Großstraße 27, Telefon 5071.
Historischer Braukeller, Schloßgang, Telefon 49 56.
„Friesenkrog", Kleikuhle 6, Telefon 8 11 59.
Restaurant *„Zum Krug"*, Alte Landstraße 2a in
Hockensbüll, Telefon 6 15 80.
Storm-Café, Markt 11, Telefon 56 30.
Weinstube *„Zur Kelter"*, Norderstraße 1.
Dragseht's Gasthof, Zingel 11, Telefon 6 39 00.
China-Restaurant, Bambuspalast, Gewerbegebiet Ost
(an der B 200), Telefon 70 10.
Balkan Spezialitäten, Hafenstraße 23, Telefon 55 15.
Fischhaus Loof, Kleikuhle 7, Telefon 20 34.

KIRCHEN MIT GOTTESDIENSTEN

evangelisch: *Sankt-Marien-Kirche*, Markt; *Versöhnungskirche*, Berliner Straße 72; *Klosterkirche*, Osterende 18; *Friedenskirche*, Schobüller Straße 10; *Christuskirche*, Schleswiger Straße, Ostfriedhof.
neuapostolisch: *Neuapostolische Kirche*, Vogtstraße 4.
evangelisch-freikirchlich: *Auferstehungskirche*,
Volquart-Pauls-Straße 1.
katholisch: *Christus-König-Kirche*, Woldsenstraße 9.
Freie Christengemeinde: Süderstraße 86.
dänisch: *Husum dansk kirke*, Klaus-Groth-Straße 49.

173

MUSEEN AUF EINEN BLICK

Nordfriesisches Museum Nissenhaus, Herzog-Adolf-Straße 25, Telefon 24 45 (9, D4).

Schiffahrtsmuseum, Zingel 15, Telefon 52 57 (29, C4).

Theodor-Storm-Haus, Wasserreihe 31, Telefon 666 270 (28, C4).

Schloß vor Husum, Telefon 8973–0 (17, C3).

Freilichtmuseum Ostenfelder Bauernhaus, Nordhusumer Straße 13, Telefon 8973–0, (15, B/C3).

NOTDIENSTE

Notrufe: Polizei 110
Feuerwehr und Rettungsleitstelle 112.

Notfalldienst der Husumer Ärzte: Telefon 891 791.

Notfalldienst der Zahnärzte Husum-Eiderstedt:
Bekanntgabe über Anrufbeantworter 0 48 41/ 27 77.

Krankenwagendienst: Telefon 20 02.

Polizeiinspektion: Poggenburgstraße 9, Telefon 6 68–0.

Abschlepp- und Notdienst: unter Telefon 20 46, 55 44, 9 94 44. (ADAC „Rund um die Uhr"-Dienst: Telefon 20 49 und 0161 / 144 1786.)

SPIELE · SPORT · CAMPING

Bademöglichkeiten: Badestrand am Dockkoog (14, A3) – mit Strandkorbvermietung; während der Saison besteht eine günstige Busverbindung; Hallenschwimmbad (und Sauna), Flensburger Chaussee (30, E2/3), Telefon 89 97–0.

Campingplatz am Dockkoog (45, A3), Telefon 6 19 11.

Fahrradverleih: Hinter der Neustadt 16, Telefon 6 29 66.

Fitness: Treibweg / Brüggemannstraße 17b, Tel. 6 56 56, Tennis- u. Squash-Centrum, Industriestr.e 26, Tel. 14 50.

Wanderungen: Wandertouren sowie Radwanderkarten sind in der Tourist Information erhältlich.

Wattenmeer Informationen: WWF-Wattenmeerstelle, Norderstraße 3, Telefon 6 20 73; Wattwanderungen /

Exkursionen führen durch – Naturschutzbund, Hartmut Schulz Telefon 21 02; Schutzstation Wattenmeer Nordstrand Telefon 0 48 42 / 5 19; Schutzstation Wattenmeer Schobüll Telefon 41 94; Naturzentrum Nordfriesland Bredstedt Telefon 0 46 71 / 45 55.

STADTVERKEHR
Einzelne Linienführungen bei HVG-Grunert, Siemensstraße 7, Telefon 787–0 erfragen.

TAXENDIENST
diverse Unternehmen, Standorte: Bahnhof und am Markt; Telefon 44 43, 44 44 + 44 11, 35 35, 10 00, 22 11 + 43 00, 89 18 91 (Behindertenfahrdienst).

VERANSTALTUNGSORTE AUF EINEN BLICK
Kongreßhalle (20, C3): Erichsenweg, über Ratskeller, Großstraße 27, Telefon 5071.
Husumhus (43, C3): Neustadt 95, Telefon 8 13 30.
Speicher: Hafenstraße 17, Telefon 6 44 43.
Kinos: Kino-Center (5 Kinos), Neustadt 114; Kino Gloria, Wilhelmstraße 10; Telefon 6 17 42 u. 25 69.
Nordseehalle (46, C2): Parkstraße.

Einen Veranstaltungskalender finden Sie in den „Husumer Monatsheften", die Sie bei der Tourist Information und in vielen Geschäften kostenlos erhalten können.

Hinweis: Soweit keine andere Vorwahl bei den Telefonnummern angegeben ist, gilt die Ortsvorwahl für Husum 0 48 41!

STATISTISCHE ZAHLEN
(Stand: Januar 1994)
Einwohner

1925	10 103
1945	15 000
1950	25 464
1960	23 547
1970	24 939
1980	24 256
1990	20 782
1991	20 837
1992	20 891
1993	20 883
1994	21 211

Stadt Husum

Das Gebiet der Stadt umfaßt 1777 ha, Länge der Stadt-grenze 25,5 km. Die Stadt liegt 6,96 m über NN (Durchschnitt).

Fremdenverkehr

Auskünfte erteilt Tourist Information Husum
14 Hotels und Gaststätten mit . . . . . 662 Betten
177 Privatquartiere mit . . . . 677 Betten
1 Jugendherberge mit . . . . 160 Betten
1 Campingplatz ca. 7800 qm mit . . . . 130 Stellplätzen
Gemeldete Gäste 1993 (einschließlich
Jugendherberge und Campingplatz . . 64 000.

Hafen

400 Schiffe haben 1993 den Husumer Hafen angelaufen.
Hafenumschlag 1993 . . . . 460 174 t
Speicher- und Lagerkapazität insgesamt . . . 100 000 t
387 Fahrgastschiffe haben 27 083 Personen befördert.

Gesundheitsversorgung

Kreiskrankenhaus mit 291 Betten, Privatklinik Dr. Winkler mit 30 Betten. Im Stadtgebiet praktizieren 6 praktische Ärzte und 29 Fachärzte sowie 19 Zahnärzte.

Schulen

13 Schulen, insgesamt: . . . . 6999 Schüler
(2 Sonderschulen, 3 Grundschulen, 1 Hauptschule, 2 Realschulen, 2 Gymnasien, Dänische Schule mit Realschulzweig, Berufliche Schulen des Kreises Nordfriesland in Husum)
Berufsfachschulen . . . . 424 Schüler
Fachschulen . . . . 141 Schüler
Fachoberschule . . . . 73 Schüler
Fachgymnasium . . . . 277 Schüler
Theodor-Schäfer-Berufsbildungswerk (mit Internat): 440 Ausbildungsplätze, 308 Mitarbeiter.

Soziale Einrichtungen

2 Altenheime mit insgesamt 161 Betten, davon 65 Pflegeplätze; 258 Rentnerwohnungen, 1 Altenbegegnungsstätte und Altentagesstätte, 8 Kindergärten mit 486 Plätzen, 19 Kinderspielplätze.

Sporteinrichtungen

Jahnsportplatz, Friesenstadion, Sportplatz Rödemis, Hallenschwimmbad, 7 Schulsportanlagen, 11 Schulturnhallen, 2 Tennisplätze mit 12 Spielfeldern, Tennishalle, Golfplatz, Sporthalle, Schießstand, Minigolfplatz, Kegelbahnen

Markante Punkte in Husum

Straßenverzeichnis

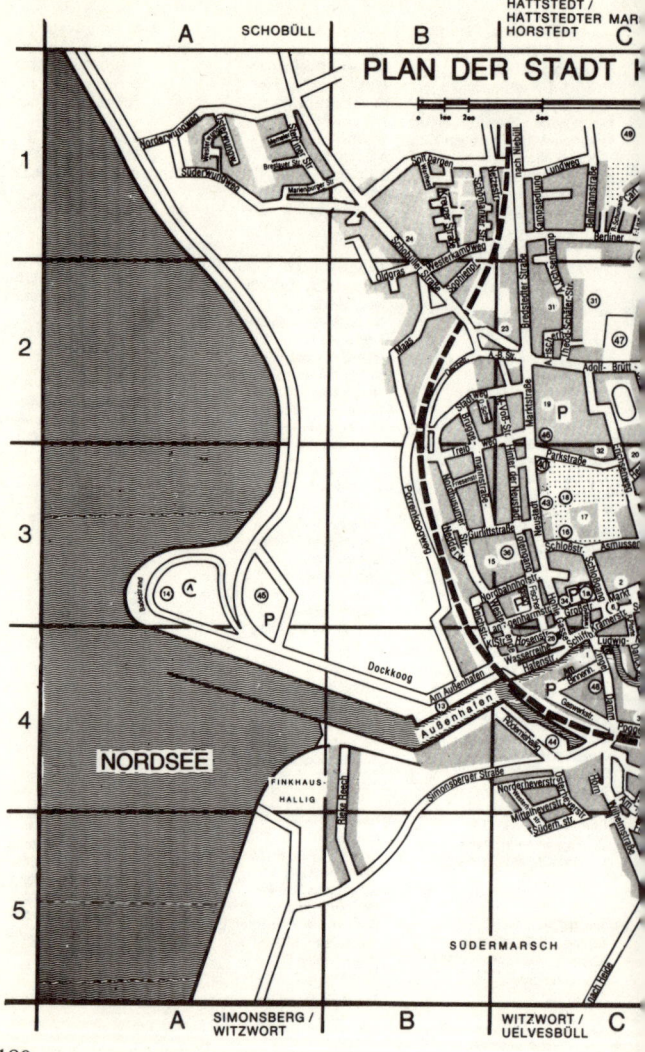

PLAN DER STADT H

SCHOBÜLL

HATTSTEDT /
HATTSTEDTER MAR
HORSTEDT

NORDSEE

FINKHAUS-
HALLIG

Dockkoog

Außenhafen

SÜDERMARSCH

SIMONSBERG /
WITZWORT

WITZWORT /
UELVESBÜLL

INHALTSVERZEICHNIS